湛江历史文化名人丛书　政协湛江市委员会　编

中共南路革命先驱

黄学增

洪三泰　陈国威　著

中国文史出版社

图书在版编目（CIP）数据

中共南路革命先驱——黄学增／洪三泰，陈国威著
. -- 北京：中国文史出版社，2021.6
　（湛江历史文化名人丛书；1）
　ISBN 978 - 7 - 5205 - 3030 - 9

　Ⅰ . ①中… Ⅱ . ①洪… ②陈… Ⅲ . ①黄学增（
1900 - 1929） - 传记 Ⅳ . ①K827 = 6

　中国版本图书馆 CIP 数据核字（2021）第 102193 号

责任编辑：程　凤

出版发行：**中国文史出版社**
社　　　址：北京市海淀区西八里庄路 69 号　　　邮编：100142
电　　　话：010 - 81136606　81136602　81136603（发行部）
传　　　真：010 - 81136655
印　　　装：北京地大彩印有限公司
经　　　销：全国新华书店
开　　　本：787×1092　1/16
印　　　张：9.5
字　　　数：182 千字
版　　　次：2021 年 6 月北京第 1 版
印　　　次：2021 年 6 月第 1 次印刷
定　　　价：30.00 元

序 言

　　湛江乃祖国南海之滨一颗明珠，北负高凉，南面琼海，东通闽粤，西连八桂，控万里海疆，处咽喉要塞，素有"天南重地"之美誉。

　　南疆热土，历史悠久，五帝之时已通声教。鲤鱼墩文化遗址，揭示八千年新石器时代中期之文明。此百越聚居之地，自楚子熊恽受命镇粤，已入楚界。至秦，南越王赵佗率民五十万众入粤，令汉越融合，设象郡入中华版图，后南海郡、合浦郡、雷州路、南合州等等，悉为中央集权统辖之下。纵然历经两晋南北朝之频仍战乱，犹有冼夫人等识大体顾大局之辈，力主统一，团结和谐；陈文玉恩敷峒落，化被草木，破古合之天荒，开擎雷之草昧。于是，华夏文明，一脉相承，雷州文化，源远流长。大唐盛世，汉越咸服，儒道释文化振兴于一统，流布于天南。遂有天宁古刹崛起于雷阳，楞严寺隐幽于湖光岩。迨至宋，寇准、苏轼、苏辙、李纲、赵鼎、任伯雨、王岩叟、胡铨、秦观、李光等十位良臣名相，或贬谪于雷，或放逐琼崖而过雷，遗留贤踪芳韵，熠熠生辉。其浩然正气，文章风骨，皆昌启后世文明，茂时育物。明万历间汤显祖贬谪徐闻，因感"其地人轻生，不知礼义"而创建贵生书院，兴教育人。长有雨露滋润，沃土万木峥嵘，本土治国安邦之栋梁，代有才人，层出不穷。

雷州半岛海岸连绵，多处天然良港。华夏自汉代始，海上丝绸之路联结万邦，湛江周边口岸，自成丝路节点，世界文明于友好往来之中交流。中外相交、夷夏相融、海陆相汇，雷州文化积累日深，内涵丰厚。汉唐之时"闾有塾堂，巷有校室"；郡学兴于宋时，府学、贡院、学宫、书院、社学、义学遍布城乡。崇文尚武踪迹随处可寻，文物声名昭示岭海邹鲁。涌现无数精英俊彦，灿烂星辰光耀南天。五代有宁国夫人，率民众护卫城邦，英烈之举，传颂至今。宋有纪应炎，严律清介，垦海富民，法明如镜；虞辅国、李宪智勇超卓，力战海寇，保障雷郡。元有陈杞行谊素著，折服强暴，理学闻名遐迩；王景贤尊为文宗，幸获殊荣；吴正卿德才兼备，千古风范。明有陈贞豫克己为民，众口交赞；周德成法治休宁，民呼青天；莫天赋爱民勤政，深受人民敬仰。清有洪泮洙政尚宽简，人称"清世人龙"；莫玖开发越南河仙，华侨首领当之无愧；陈瑸"知谋国而不知营家，知恤民而不知爱身"，不啻为"清廉中之卓绝者"；黎正公正廉洁，青史留名；陈昌齐学识渊博，位尊"广东汉学、朴学第一人"；林召棠状元及第，誉满京华；王梦龄漕河总督，政绩卓著，功在民心；窦振彪靖蜃氛保海疆，海匪闻风丧胆；陈兰彬首任驻美大使，昭示华人崇尚和平……人才济济之人才辈出，叱咤风云，为后昆树立典范。近代黄略人民抗法斗争，英雄壮举激励后人。

历史风云变幻，革命浪潮澎湃。黄学增奔波于农民运动，拯救民众于水火之中；程赓英年壮志，发动工运农运组团建党，坚贞不屈,献身革命;李汉魂能文善武,投身北伐与抗战,战功累累政绩斐然;张炎高举抗日义旗,英勇善战,为国为民创立不朽功勋;共产党人唐才猷等转战粤桂边,艰难卓绝,迎来大军南下,云开日出,湛江解放换新天。

树有根,水有源,历史文化名人得时代风气之先,乃芸芸众生之楷模,引领潮流奔涌向前。既是传统文化之个性体现,又代表一方水土之文化特色。将其事迹整理挖掘,乃弘扬中华民族优良传统题中应有之义。学习先贤高尚品德,继承先贤智慧才情,为实现振兴中华凝心聚力,必能起到激励之功,亦可为文化旅游辟建一道亮丽之观光风景。此则政协湛江市委员会编辑出版《湛江历史文化名人丛书》之初衷也。

本丛书强调地方历史文化名人的真实性,要求文章富于科学性、学术性,提倡通俗易懂之写作手法;通过文化名人所承载之传统文化实质,再现历史传统文化之地方特色,为构建和谐社会,建设精神文明发挥其内生作用。在习近平新时代中国特色社会主义思想指导下,愿本书能够挖掘整合文化名人之历史作用,古为今用,促进湛江文化软实力快速提升,为建设文化强市和广东省域副中心城市以及打造现代化沿海经济带重要发展极产生积极深远的影响。

编委会
2020 年 12 月

黄学增小传

　　黄学增（1900—1929），乳名妃贵，别号道传，13 岁读书塾。读书塾时叫学曾，1926 年参加中国国民党二大后常用"学增"。

黄学增

　　1916 年春，他入读雷州中学校。他景仰已到北京大学哲学系读书的校长谭平山，立志高远，追求救国救民的新思想。

　　1919 年春，黄学增考上广东省立第一甲种工业学校，族人资助他入学。

　　在这所学校里，黄学增开始接触马克思主义。1920 年，他积极参加马克思主义研究会。11 月广州社会主义青年团成立后，不久黄学增加入了中国共产党，是团组织。

　　1921 年 6 月，陈独秀创办，谭平山、陈公博、谭植棠主持的广东省立宣讲员养成所。黄学增入读养成所，系统学习社会科学、共产主义知识，树立了马克思主义的世界观，于 1921 年冬加入了中国共产党，是广东最早的 32 名党员之一。

在养成所里，黄学增心中的革命激情在燃烧。1922 年夏，已成为共产党员的黄学增从广州回到家乡着手建立马克思主义革命组织。他在家乡遂溪县六区敦文村进行革命启蒙和马克思主义宣传活动。同时，串联六区进步青年薛文藻、刘靖绪、黄成美、王树烈、黄而杞等数十人，在黄而杞家里成立马克思主义的革命组织——青年同志社，开始在雷州半岛宣传马克思主义。1924 年 8 月在广州易名为雷州青年同志社。该社的宗旨是："传播马克思主义，反对军阀统治，收回广州湾。"① 雷州青年同志社成立后，立即向传统恶习、传统势力进行挑战。后来黄学增还主持成立雷州青年同志社乐民分社，开展更广泛的活动，并出任中共南路特委书记。

雷州青年同志社 1922—1926 年的活动区域主要是雷州半岛及广州市。在黄学增领导下，与地方民团军阀作斗争，安排社员入读广州黄埔军校、农讲所，加入南征邓本殷的行列，对日本人侵略东北地区进行声讨，纪念"五卅"运动和"六二三"惨案，反对广州商团叛乱，反对段祺瑞政府勾结帝国主义加重税收，反对法租界广州湾当局等。搬到广州后，雷州青年同志社队伍不断扩大，经常参加各类革命活动。从 1923 年冬起，黄学增除了协助国民党发展基层组织外，还在深圳等地发展中共组织及相关团体，并在深圳宝安区建立起第一个中共组织——中共宝安支部，并担任第一个党支书。1924 年，黄学增成为由国民党中央农民部举办的广州农民运动讲习所第一届学员。毕业后，黄学增被任命为中

---

① 《中共广东南路党史大事记》，广东人民出版社，1996 年，第 8 页。

国国民党中央农民运动特派员，前往深圳、花县、遂溪、乾塘、东海岛等地进行革命活动，在家乡一带努力播下革命种子。

1924年9月，黄学增从广州返回家乡敦文村，利用雷州青年同志社联络遂溪青年，并安排他们参加广州黄埔军校第三期和农讲所第四期，以及广东法官学校第一期学习班。10月，雷州青年同志社代表出席在广东大学大操场举行的"中国青年军人联合会成立大会"，发表《反对段祺瑞政府勾结帝国主义加重关税》的宣言。经黄学增发动，雷州青年同志社乐民分社当时有社员110多人。

在第二次东征期间，国民政府还派部队进剿盘踞广东南路的军阀邓本殷部。中共广东区委为配合这次军事行动，成立了以黄学增为书记的南路特别委员会。[①]

1924年，黄学增等人向国民党中央执行委员会发出请愿书，要彻查雷州伪善后处处长陈学谈，列举了陈学谈逮捕并残害革命人士的种种罪行。在这段斗争异常复杂的时间里，黄学增多次遇险，差点落入土匪、汉奸等敌人的圈套中。

1925年9月，黄学增中共广东区委任命为中共南路特派员。1926年3月黄学增回到南路成立了广东省农民协会南路办事处，任主任。同时国民党广东组织成立南路特委，黄学增任委员（后主持工作）。在南路发动了以农民运动为中心的革命运动。

黄学增受广东党组织的派遣，多次往返家乡从事革命活动。尤其是在东海岛黄记盐店，和盐商黄元常联系紧密，使这个店成了宣传马克思主义的阵地。黄元常等喜欢走近黄学增，接受革命

---

① 见《中国共产党历史》，中共党史出版社，2002年9月第1版，第139页。

思想的熏陶，思想觉悟逐步提高，也和黄学增一样冒着生命危险，从事革命活动。

1926年4月，黄学增再次来东海岛酝酿成立了盐业工会宣传革命，东参村的培智学校是黄学增常来并在此讲学之所，现成了文物保护单位。在东海岛，他主要是发展党员，尤其在盐工中宣传马克思主义；在广州湾南二淡水沟村发展党员，建立海上交通站。把革命火种播撒到广州湾人民的心灵里。又如宝安县，在共产党的领导下，宝安县有6个区建立了农民协会，94个乡建立了农民会，有会员13759人。1926年上半年，宝安县农民协会成立，是当时23个成立县级农民协会的县份之一。

1927年1月，根据中共广东区委决议，黄学增又在各地党组织普遍建立的基础上，组建了中共广东南路地方委员会，任书记。中共南路地委成立后，南路地区的党组织有了新的发展。1927年"四一五"反革命政变后，国民党反动派屠杀共产党人，形势极其恶劣。1927年夏天，黄学增被任命为中共广东省委西江巡视员，准备发动夏收暴动，在江西、广西掀起革命高潮。

1928年4月，中共广东省委根据琼崖革命出现挫折，决定派黄学增以省委巡视员身份赴琼崖指导工作，让他到琼崖恢复革命力量。黄学增到琼崖后改组特委，并任书记。之后的工作得到广东省委高度肯定。1928年8月上旬，黄学增到海口市整顿党组织。不久，以黄学增为书记的中共琼崖特委，将特委领导的红军转移到母瑞山。琼崖生活极其艰苦而且极其危险，黄学增把个人生死置之度外。1928年11月，黄学增当选中共广东省委候补常委，1929年1月补任常委。1929年7月，由于叛徒告密，黄学增在海口市美国教会办的福音医院被捕，7月底黄学增被敌人杀害于海口和府城之间的红坎坡，年仅29岁。

目　录

第一章

碧海蓝天一少年

北部湾的大海澄碧无垠，天空辽远蔚蓝。一个农民的儿子，少年的目光深远，而心胸更辽阔坦荡……

第一节　年少志远

黄学增，1900 年（光绪二十六年）10 月 14 日出生于广东省遂溪县乐民镇敦文村。敦文村位于遂溪县城西南面，面向北部湾，毗邻蚕村港，乐民镇西偏北五公里，离敦文村不到三公里处是明代卫所"乐民所"。黄学增的乳名妃贵，还有个别号称道传，他读私塾的时候叫学曾，一直到 1924 年在广州求学及参与各种活动时仍然使用此名，1926 年中国国民党二大时才改名"学增"。

黄学增的家有七口人：父亲黄如英，世代务农；母亲饶氏是个没有文化的农村妇女；姐姐早嫁，婆家是贫苦人家。黄学增有四个兄弟，私塾老师按古代"四贤"之名分别给他们起名：学颜、学曾、学思、学孟，意思为向古人学习。学习古人好的思想品德，建功创绩，做有益于人民、有益于社会的人。他的父亲黄如英自小在田间劳动，为人坦诚老实，做事勤勤恳恳，有时外出做"道公佬"（帮人办丧事），得点报酬，帮补生活。母亲虽不识字，但十分勤俭，既负责操持家务，也要下地劳动，承担了很重的体力劳动。大哥黄学颜是一名挑夫，终日在外为人家挑担货物跑长途，换几个血汗钱养家糊口。黄学增从七八岁起就到地里割草，到林中打柴，到海边挖螺捉虾，到坡地里寻番薯，有时候去为他人放牛养鸭，常常遭日晒雨淋，天天在地上摸爬滚打。全家只有海边4亩贫瘠带咸质的水田和3亩旱坡地。家是一座土墙结构、茅草顶的简陋泥屋。海边多台风，台风一来就很危险，一年到头，辛辛苦苦，吃不饱穿不暖，可谓家徒四壁，遇上荒年便没有隔夜粮。黄学增后来在家乡调查乡村的情况写了《广东南路各县农民政治经济概况》，写了他所在的遂溪第六区敦文村："第六区农民连年受土匪劣绅土豪地主的祸，生活好生危险，前年曾饿死了许多，对各资产阶级之生钱，每千文每年须纳谷四升半或六升或七升，计每升谷值钱一百一十文（因谷价高故算谷不算铜钱）。现各乡农民要制止他此一手段，以免饿殍，拟由今年旧历二月十五日起，所有生款，不得以谷计利，还转回铜钱计利，限每千文年息作二分计算。"正是由于农民生活艰苦，一旦有人引领，自然会成为反抗不公平力量中的主要力量。遂溪档案馆有一份1958年文献如此记载："据调查第二次国内革命武装斗争活动地区包括了附城、乐民、江洪、河头、城月、界炮、洋青各乡，而以乐民、江洪、河头地区最为活跃。约有192个村庄，6700多户，28000多人，占当时全县人口1/10左右。"[1]

---

[1] 《中国农民》第一卷第四期（1926年4月1日），湘潭大学出版社，《红藏·进步期刊》系列影印本，2014年，第415页。

黄学增 12 岁在村里读了一年书塾，他自小聪慧喜欢学习，后来转到县立乐民小学，后求学于雷州中学校。

黄学增读书的时候便爱思索，明事理，写得一手好文章。他在五年级时写过一篇作文《竞争说》，此文行云流水，且富有新意。文章写道："人当竞争时代，断不可无竞争心。无竞争心不能立于竞争世界，竞争乃当今之要务也。学问以竞争而精，实业以竞争而兴，国家以竞争而文明。世界愈竞争，愈发达；愈发达，愈竞争。人无竞争，诚不能立于竞争世界。能竞争，乃可以言富强。"从小刻苦学习，总是能有收获的，正是好文寸心见，句句显真心。黄学增深知读书机会来之不易，懂得只有真正刻苦攻读，才能明事理多收获。他从小是有远大志向的。谭平山到北京大学读书这件事，便激发了黄学增学习的意志力，他暗下决心，要不断攀登。

第二节　入读雷州中学校

阮应祺的《黄学增事迹系年》中这样写到：1918 年，黄学增18 岁时，考入广东省立第十中学，"步行到雷州城读书，学习近代科学基础知识，接受爱国思想的熏陶"。我们经过多方调研发现，黄学增入读雷州中学校的时间是 1916 年春。黄学增能够上中学，很重要的原因是他个人的执着。他从小倔强，小学基础好，有深造的欲望，并得到亲友族人相助。那个年代，能上中学读书谈何容易！农家子弟是劳动力，一般家庭的子女这般年纪就会终止学业，参加劳动。查看 1913 年《雷州中学师范毕业同学录》，他们的年龄多数都比较大：中学毕业的学生共有 37 人。其中，29 岁者 5 人，28 岁者 5 人，27 岁者 2 人，25 岁者 4 人，24 岁者 9 人，23 岁者 6 人，22 岁者 4 人，21 岁者 1 人，19 岁者 1 人。师范本科毕业的学生人数共 48 人。其中，33 岁者 2 人，30 岁者 5 人，29 岁者 7 人，28 岁者 11 人，27 岁者 7 人，26 岁者 7 人，25 岁者 5 人，24 岁者 1 人，23 岁者 3 人。

1916 年春，黄学增考上雷州城内的雷州中学校，他是在宗亲的支持下，才有机会入读这间雷州中学校（后改称广东省立第十中学）的。这是雷州半岛最著名的学府。周烈亚是民国后的雷州中学校第一任校长。周烈亚，号耀墀，遂溪县现建新镇土扎村人，广东高等师范毕业，曾任广东临时省议会代议士。周烈亚任民国雷州中学校长时，同盟会会员、广东共产党创始人之一的谭平山，谭平山是致力于反对清朝政府、抨击封建社会制度、宣传革命思想的革命活动家。谭平山在学校传播新思想、新文化，学生的思想进步、活跃，学校的文化氛围浓厚，校风开明宽容。

黄学增在这家学校里，开始受到救国救民思想的熏陶。黄学增入学时，虽然谭平山已到北京大学哲学系读书，黄学增见不到他，但对他是很景仰的。从人们的议论和称赞中，黄学增知道谭平山校长因为注重文化，立志高远，追求新思想，所以能从边远的雷州半岛走向京城深造。谭平山的事迹对黄学增产生了深刻的示范作用，这个榜样的形象从此屹立在黄学增的心中。

早在 1913 年谭平山给《雷州中学师范毕业同学录》写了一篇序言："雷阳素称海滨邹鲁之邦，予以不学、滥中学师范算学一席、才四越月，而诸生毕业。有同学录之刊请序于予，予维古者敬业乐群，论学取友，而仲尼之徒数盈三千；墨之巨子，偏于宋鲁，虽代远年湮，而蛛丝马迹尚得追见。昔日英才涵濡春风之盛，犄欤休哉。今凡百君子悉岭南粤峤之英，时彦觥觥，多士济济，昕昳切磋几十载，风雨联床逾五稔，日月不居，徂年如流，学业垂成，行将话别，同学录之辑，乌可以已乎？虽然礼隆乐群之义，诗歌伐木之章，岂曰树派标旌以矜庸人耳目哉。将以声应气，求砥行砺，德巽社会之模型，隐末学之绳墨也。盖孤陋寡闻不足论学，而独学无友将同无学诸子聚首一堂。递更寒暑而尤于敬业乐群、论学取友之义。兢兢焉，勤勤焉，钻研弗懈斯，录之辑知，非徒如常径恒蹊，重合悲离，借烦鳞羽已耳，盖将有以也。夫思易其备者，须有其具苦盛暑之郁燠，宜储絺绤忧隆寒之凄怆当袭狐。今诸子潜心奥业道蓄，厥躬行芳而志洁，学邃而志醇，或博学教育中坚，或揢斯世之木铎。虽殊途而同归，实百虑而一致，何啻披絺绤而拥狐貉，何伤乎？盛暑隆寒也。吾知必将卢牟六合，陶镕群贤，揽欧美之精华，禳东亚之异彩，他日按是编而稽曰某也贤，某也贤，油然遐溯乎。今日聚首一堂之盛而无愧乎海滨邹鲁之称也。民国二年七月高明谭鸣谦序于雷阳。"① 1916 年谭平山调到阳江中学，后在 1917 年前往北京大学求学，成为陈独秀的学生，谭平山这段经历无疑也成为广东共产党建立的渊源。黄学增既景仰谭平山，就决心学习谭平山，做一个对社会有用的人。

---

① 见雷州市档案馆。

第二章

在宣讲摇篮中成长

宣讲养成所是圣洁之所，是革命的伟大摇篮，必定孵出英雄革命之美梦。

第一节 进入宣讲员养成所

1919 年，黄学增考入广东省立第一甲种工业学校是其人生重要的转折点。

在学校里，黄学增开始接触马克思主义，他自觉地阅读马克思著作和有关资料，并如饥似渴地学习、思考。真理熏陶，明灯照耀，心明眼亮。在校期间，他加入了广州社会主义青年团，1921年，他积极参加马克思主义研究会，和老师、同学一起探讨有关理论，用真理充实自己的思想。

广东省立宣讲员养成所，是陈独秀于 1920 年 12 月南下广州担任广东省教育委员会委员长时成立的一所公立学校，教育委员会是当时粤省最高教育行政机构。

宣讲员养成所经过筹备，在 1921 年 6 月开学，地址设在广州高第街素波巷内。当时广东党组织的主要活动场所正是在高第街素波巷内，即是素波巷十九号。

据谭平山的族侄谭天度回忆，他与黄学增相识，是在 1922 年自己参加中国共产党的前后时间。1920 年 12 月 29 日，陈独秀应陈炯明的邀请，第一次来到广东，担任广东教育委员会委员长。陈独秀 1920 年 12 月至 1921 年 9 月在广州期间，除了担任广东教育委员会委员长之外，作为中国共产党的创始人，他还亲自指导、参与创建共产党广东地方组织的工作。陈独秀认为，要建立共产党的组织，首先应当端正指导思想，真正信仰马克思主义。为了宣传马克思主义，扩大影响力，陈独秀积极作演说、写文章，批驳各种错误思潮。《广东群报》在陈独秀来穗后，大量转载上海《共产党》月刊的文章，由陈独秀创办的、当时国内最有影响力的杂志《新青年》，也迁来广州出版。其间，黄学增和同学阮啸仙、刘尔崧等有机会到陈独秀的住处，听陈独秀谈论时事，传播马克思主义。

此时陈独秀正致力于创建中国共产党，广州早期共产党组织成立后也在积极开展社会活动，经过一段时间的宣传、学习和论战，在陈独秀的主持下，和他的三位北京大学的同学谭平山、陈公博、谭植棠于 1921 年 6 月创办宣讲员养成所。养成所先后由广东早期党组织成员陈独秀、陈公博主持，由谭植棠任教导主任，谭平山、杨章甫、谭天度、邓瑞仁等人任教员。当时，《广东群报》是广东党组织活动的阵地，被称为广州共产主义小组的"机关报"，而养成所也是党组织活动的阵地，是早期党组织面向社会着手开展宣传工作和群众工作、培养干部的阵地。

养成所，经过广东省教育行政机构议决，每年经费达 30 万元。

第一期学习班开学时间是 6 月 20 日。按照后期专家学者的说法，养成所是当时广东省政府管辖的七所高等和中等学校（简称"中上七校"）之一。当时，中共广东党组织机关报《广东群报》记载："（至 1921 年 7 月）广州全市学校及员生之总数——大学专门学校 11（间），学生 1832（人），教员 163（人）；高师 1（间），学生 328（人），教员 39（人）；中学 16（间），学生 3522（人），教员 370（人）。"

养成所设专门班和普通班，专门班招收相当于中学毕业程度的学员，开设一般高等学校的课程，有哲学、教育学、伦理学、外国语等，学生接受一年教育后毕业；普通班程度稍低，学生接受半年教育后即可毕业。当时，养成所被列为广州"中上七校"之一。在陈独秀和广东早期党员的努力之下，宣讲所的教学内容和培养目标，与党的理论、宣传工作发生了联系，是共产党的一项重要工作。创办宣讲员养成所的宗旨，是为了宣传和普及马克思主义，造就将来开展群众工作的干部。广东早期的党员梁复燃也说：养成所"主要是培养具有共产主义理论知识的人才，培养向广大工农群众进行革命宣传，传播马克思主义知识的宣传员"。养成所的教员谭天度说："功课的内容为反帝反封建，社会主义，群众运动，阶级斗争，宣传的方式方法等，新文化也讲。"[①]养成所是为培养进步青年和宣传马克思主义思想的阵地。党员钟道生还记得，养成所入学考试的作文题是"我们的历史使命"。养成所的图书馆有很多宣传马克思主义的进步书籍。

---

① 谭天度：《广东党的组织成立前后》，中国社会科学院现代史研究室，中国革命博物馆党史研究室选编：《"一大"前后：中国共产党第一次代表大会前后资料选编》（二），人民出版社，1980 年，第 461 页。

不仅如此，养成所也是共产党开展群众工作的阵地。1922年初，香港中国海员举行香港海员罢工，中共广东支部就以广州高第街素波巷养成所作为罢工海员的通信联络处，负责收转国内外"香港海员后援会"的捐款和信件。

在养成所期间，黄学增利用一切机会学习。在黄学增的脑海里，储存的关于马克思主义的信息，渐渐多了起来，眼界也渐渐放宽了。谭天度与谭平山、谭植棠关系密切，所以有机会看到黄学增在陈独秀处讨论问题的情景。他回忆道："阮（啸仙）、黄（学增）等人都是步行从市郊来的，很可能同是甲工学生（甲工校址在市郊增埠，离市区十余里）。"[1] 也在1921年6月，黄学增入读该学校，所在班级为专门班，时任班主任是中共广州（广东）党组织的重要筹建者之一的谭植棠，1921年11月印刷的《广东省立宣讲员养成所同学录》中的专门班第8名是黄学增资料——姓名：黄学曾，别号：道传，年龄：22，籍贯：遂溪，通信处：遂溪乐民盐厂收转。据黄学思和村民介绍，盐厂就在现在的盐仓村。"盐仓"，在遂溪县遂城镇西南60公里，属乐民镇，昔为乐民城官署贮盐场地，故名。该村距敦文村2.5公里，在敦文村与墩甫坑村（又名上坑村）之间，墩甫坑村一直为敦文村的黄氏族人居住，相传此地是黄学增祖上由闽入雷始迁地。宣讲员养成所先后由陈独秀、陈公博主持。

养成所的学生来自广东各地，如广州、高明、中山、南海、肇庆、惠州、雷州等地的城乡，其中有相当部分是追求进步、向往革命的失学或失业青年。梁复燃回忆："在养成所读书的学生有孙律

---

① 中共湛江党史研究室编：《黄学增研究史料》，广东人民出版社，1977年，第178页。

西、萧一平、黄学增、施卜、钟觉（钟道生）等，他们后来大多
成长为广东共产党、青年团的重要干部。例如施卜1922年入党，
积极投身广东工人运动，任广东工团军团长、省港罢工工人纠察
队队长。黄学增是著名的革命烈士，生前与彭湃一样，是广东农
民运动的领袖。"

　　黄学增考入广东省立宣讲员养成所，体现了他有坚定的革命
理想、刻苦努力的一面，也体现了他有过人的聪明才智和坚忍
精神。

第二节　宣讲员养成所的教学主体

　　1921年，黄学增入读养成所时的所长是陈公博，其时教员主
体有9位北京大学毕业生：陈公博、谭植棠、余锡恩、胡琼、陈达
财、谭鸣谦（谭平山）、陈嘉蔼、邓拜言、梁空（教务员）。当时
北京大学是新文化运动的大本营，养成所教授的课程有政治、历
史、地理、评议社会教育和逻辑学等。梁复燃回忆当年说："学习
主要内容有国语常识、社会科学、共产主义知识、三民主义等课
程。"[1] 谭植棠讲课最多，讲授《中国近代史》；谭天度讲授《社
会教育》；温仲良教授《教育学》。

---

　　[1]　见梁复燃：《广东党的组织成立前后的一些情况》，中国社会科学院
现代史研究室、中国革命博物馆党史研究室选编《"一大"前后：中国共产
党第一次代表大会前后资料选编》，人民出版社，1980年，第44页。

宣讲员养成所的教育主体人员名单

职别	姓名	别号	年龄	籍贯	学历背景
所长	陈公博		30	南海	北京大学毕业
专门班主任	谭植棠		28	高明	北京大学毕业
通俗班主任	余锡恩	恺湛	29	台山	方言学校北京大学毕业
学监	胡琼	仲达	30	开平	北京大学毕业
教员	陈达财	彦儒	30	东莞	北京大学毕业
	陈衍芬		41	新会	香港西医大学堂毕业
	褶绍隆		35	三水	日本早稻田大学毕业
	陈磊	俊生	35	梅县	陆军讲武堂毕业
	陈俊干	旋六	37	南海	香港西医大学堂毕业
	谭鸿基		19	高明	
	谭鸣谦		35	高明	北京大学毕业
	张毅汉		26	南海	中国公学
	沈澡修		22	番禺	公立法政毕业
	陈嘉蔼		29	番禺	北京大学毕业
	温仲良		35	顺德	高等师范
	陈肇星			番禺	公立法政毕业
	杨章甫				
	邓拜言			南海	北京大学毕业
教务员	梁空	空空少年	24	顺德	北京大学毕业
文牍	姚培之	宾兴	36	番禺	历就番禺、高明、四会等县总务
图书馆主任	何焯贤		22	番禺	广东公立法政毕业
庶务兼会计	刘寅	士谦	33	三水	

名录显示当时宣讲员养成所的教育主体人才济济，有着较高的学历背景以及丰富的社会经验。谭平山、陈公博、谭植棠是中共广州组织的重要筹建者；1921年春，在陈独秀的主持下，在谭

平山、陈公博、谭植棠等的协助下,广州"开始成立真正的共产党",广东逐步成为全国最早建立党组织的六个地区之一,广州(广东)的共产党与早期组织先由陈独秀、后由谭平山担任书记,陈公博负责组织工作,谭植棠负责宣传工作。上面已提及陈独秀是养成所的创立人,教员中亦有不少人与共产党早期活动有着密切的关系。除上述人员外,杨章甫也是对中国革命有着重要影响的人物。

在教育背景方面,宣讲员养成所的教育主体有 9 位北京大学毕业生。北京大学既是中国大学的典范,也是新文化运动的大本营,是 1919 年五四运动的发源地。①

黄学增很珍惜在养成所学习的日子,他认真系统地学习社会科学、共产主义知识,学习的时间大约一年。根据时人的回忆,养成所学习年限原定两年,后情况发生了变化,改为"甲级一年毕业,乙级半年毕业"。甲级班是专门班,乙级班为普通班。养成所在一年后情况发生了变化,估计与当时教育经费发生变化有关。随着形势的变化,陈独秀在广东一方面遭受守旧势力的攻击;另一方面亦触动到利益集团的利益(如在处理广东公立医药专门学校问题上)。

1921 年春,陈独秀与谭平山、陈公博、谭植棠及斯托扬诺维奇(米诺尔)、别斯林等改组了广州早期共产党组织,成员有 9 人,除了上述 6 人外,还有袁振英、李季。黄学增大约是在养成所学习期间加入中国共产党,成为有史记载的 1922 年 6 月广东支部

---

① 一首"五四罢课谣"提到:"罢不罢,看北大;北大罢,不罢也罢;北大不罢,罢也不罢。"http://www.takungpao.com/news/232109/2019/0403/271173.html。

32 名党员之一。32 名党员分别为：陈独秀、谭平山、陈公博、谭植棠、林伯渠、杨匏安、阮啸仙、刘尔崧、周其鉴、张善铭、杨章甫、黄学增、冯菊坡、王寒烬、梁复燃、罗绮园、黄裕谦、郭植生、谭天度、陈适曦、郭瘦真、赖玉润、施卜、杨殷、潘兆銮、张瑞成、沈厚培、梁桂华、钱维芳、周侠生、王卓如、余广。这 32 位党员里有黄学增，黄学增入党时间为 1921 年秋冬。

黄学增的同乡经过 20 多年，尽心尽力对黄学增身世、读书经历、活动事迹进行了不倦追寻；在城乡不间断地进行田野调研，精神可嘉。他指出，《中国共产党广东省组织史资料》内有 "1922 年入党有黄学增，时任广东支部书记谭平山" 的记载。据谭天度的回忆分析，黄学增是 1921 年 7 月形成的《广州共产党的报告》中载称的计有 80 多人的马克思主义研究会成员之一。这样，理应也是广州共产主义小组优先吸收为党员的学生之一。关于黄学增入党时间的探究，应该关联到当时广东党组织的创建人陈独秀，黄学增的入党或由陈独秀推荐。后任中共广东支部书记兼广东教育委员会副委员长的谭平山，于 1917 年考入北京大学前，曾在雷州中学担任过教师、校长历时 3 年多，对黄学增影响较深。而黄学增从 "甲工" 退学入读的广东省立宣讲员养成所，也是广东教育委员会开办的，谭平山是他的老师。因此，谭平山极有可能与黄学增有很深的师生情谊，而这一师生情谊更有可能成为黄学增走上革命道路的关键性影响之一。

黄学增在宣讲员养成所里一方面系统学习马克思主义理论知识等先进文化；另一方面也认识了一些好友。如刘琴西，他是广东紫金县人，是早期广东党组织的领导人刘尔崧的胞哥，1922 年加入中国共产党，曾任紫金县政府主席、东江革命委员会主席、闽粤赣边西北地委书记等职。刘琴西于 1922 年 7 月宣讲员养成所毕业后，与通俗班的贺济邦（亦为紫金人）共同发起组织"紫金青年学社"。1932 年刘琴西被俘，次年牺牲。如孙律西，大革命时期杰出工人运动领导人物，曾与周文雍等人到人力车工人中组织工会——当时广州的人力车有 6000 多辆，人力车夫达 13000 多人，是工人运动一支重要力量，后担任广州工人代表大会秘书。除了刘、孙两人外，宣讲员养成所与黄学增同级同学中有一批广东南路的家乡人：专门班广东南路人员包括苏钟仁（海康）、梁学渊（遂溪）、王士清（海康）、邵振均（电白）、龙宗正（化县）、黄元（茂名）、苏祥芳（防城）、邵权孚（灵山）、梁建邦（阳江）、陈球光（遂溪）、冯炜（阳江）、李而威（防城）；通俗班广东南路籍同学有：曾广词（阳江）、何鸾鸣（海康）、李春炫（海康）、关永安（阳山）、陈杞材（廉江）、梁联清（化县）、黄宗培（茂名）、吴廷松（电白）、徐伯陶（防城）。因为时间不长，绝大多数情况不是很清楚。

由上可知，宣讲员养成所的创办是与陈独秀的创党活动、与广东党组织的创建和早期的社会活动、理论宣传工作密切联系的，养成所实际上是广东早期党组织培养理论、宣传干部的学校。共产党人通过办学来培养理论、宣传干部，在全国来说，这可能是一个源头，也可以说是全国首创。

广东省立宣讲员养成所的作用是很大的，是许多革命人物和有识之士学习、活动的地方，是近代广州一处有特色而很重要的历史场地。宣讲员养成所创立于 1921 年 6 月，大约结束于 1923 年，存在的时间并不长。养成所后期的教员余卓鸣（社会学）、韦悫、温仲良（教育学）、黄兼善（伦理学）、伍子车（心理学）、黄炳蔚等，均是当时广州各高等学校的教师。其中，韦悫是广东中山人，曾赴英、美留学，获芝加哥大学哲学系博士学位，任教于岭南大学，是护法军政府外交部秘书兼孙中山秘书，还担任过广东省教育委员会代委员长。当时，韦悫在养成所讲授哲学课。韦悫后来先后到伦敦大学、牛津大学讲学，担任过上海市教育局局长。温仲良在 1917—1919 年春任雷州中学校校长，是黄学增在雷州中学校读书时的校长。新中国成立后，先后担任上海市副市长，教育部副部长。由此可见，在养成所工作过的，有不少是教育界和文化界的著名人物。这里走出了许多优秀的革命者。

广东省立宣讲员养成所虽然作为广东省公立的学校，但由于它的创立者的背景，却是广东共产党组织乃全全党最早创办的培养革命干部的学校。参加过广东建党活动的谭植棠、梁复燃和谭天度等都回忆宣讲员养成所是宣传马克思主义思想、培养党的干部的学校。广东党组织"同时开办了一间工作干部学校，名为宣传员养成所"，用以训练工、农、妇、青运动的干部，从此我（们）获得了党领导，工作更加开展了。[①]"宣传（讲）员养成所主要是培养具有共产主义理论知识的人才，培养向广大工农群众进行革命宣传，传播马克思主义知识的宣传员。"[②]"创办（宣讲员养成所和机器工人夜校）的宗旨和目的，据陈独秀当时讲，就是为了宣传和普及马克思主义，造就将来开展群众工作的干部。"[③]

随着形势的变化，陈独秀在广东的地位受到动摇，一是遭受

---

①　谭植棠：《关于广东共产党的成立》，中共广东省委党史研完委员会办公室、广东省档案馆编：《一大前后的广东党组织》，1981 年，第 114 页。

②　梁复燃：《广东党的组织成立前后的一些情况》，中国社会科学院现代史研究室、中国革命博物馆党史研室选编：《一大前后：中国共产党第一次代表大会前后资料选编》（二），人民出版社，1980 年，第 446 页。

③　谭天度：《回忆广东的五四运动与共产主义小组的建立》，中共广东省委党史研究委员会办公室、广东省档案馆：《一大前后的广东党组织》，1981 年，第 142 页。

守旧势力的攻击；二是触动到利益集团的利益（如在处理广东公立医药专门学校问题上）。到了 1921 年中期到处出现诋毁陈独秀的流言，说他主张"讨父""仇孝""公妻"，主张"万恶孝为首，百善淫为先"，甚至还有人讥讽他是"陈毒兽"；与他初到广东时相比，实在相差太远。情况不妙，陈独秀萌生离开广州的念头。1921 年 8 月 17 日，陈独秀正式向陈炯明请辞广东全省教育委员会委员长职务，但陈独秀的辞职当时未获陈炯明批准。9 月 11 日，陈独秀以治疗胃病为由请假与包惠僧一起离开广东，启程回上海。10 月底，正式辞去委员长职务。而随着陈独秀的离开，宣讲员养成所的经费自然受到制约，无法继续办下去。

第三章

创立雷州青年同志社

雷州青年的共同志向是团结一致，献身于人民的革命事业。

第一节　革命烈火召唤

雷州青年同志社是在大革命时期由黄学增创立的一个革命组织。根据有关史料证明，这是当时中国乡村最早传播马克思主义的革命组织之一。

1921 年就成为广州共产主义小组马克思主义研究会成员的黄学增早已有成立马克思主义革命组织的想法。当时黄学增 21 岁，意气风发，斗志昂扬。黄学增是陈独秀创办的广东省立宣讲员养成所的学员（广州市委档案室存《广东省立宣讲员养成所学员名册》可查），心中总是充满革命激情的他敏感地觉察到，革命的烈火正在开始燃烧。1922 年 4 月底至 5 月初，中共中央在广州召开党的干部会议，陈独秀主持讨论国共合作问题。同年 5 月初，陈独秀出席在广州召开的全国第一次劳动大会和中国社会主义青年团第一次全国代表大会，黄学增也在这个时候从广东省立宣讲员养成所毕业。作为在宣讲员养成所毕业的学生，肩上的担子越来越重了。他天天在想自己应该怎样为革命作出更多贡献？当时，雷州半岛有一个法租界广州湾，又是军阀割据之地。会后，陈独秀指示黄学增返回广东南路组建革命团体，并向粤西地区的民众宣传中共"打倒帝国主义""打倒军阀"的政治主张。陈独秀的指示与黄学增的思想与陈独秀的竟可相提并论。1922 年春夏之间，黄学增利用暑假回广州湾宣传革命，以教书为名在东参村黄氏宗祠（亦作学堂），居住一段时间，动员、发展盐工、船工多人作为革命后备力量，策划为中国乡村较早传播马克思主义联络点，并建成雷州青年同志社联络点。① 已是共产党员的黄学增从广州回到家乡遂溪着手建立马克思主义革命组织。黄学增先在遂溪县六区敦文村进行革命启蒙和马克思主义宣传活动。同时，串联六区进步青年薛文藻、刘靖绪、黄成美、王树烈、黄而杞等数十人，在黄而杞家客厅成立了宣传马克思主义的革命组织——雷州青年同志社，开始在雷州半岛宣传马克思主义。该社的宗旨是："传播马克思主义，反对军阀统治，收回广州湾。"② 关于雷州青年同志社成立的时间、地点和宗旨，也可以从 1924 年 8 月 18 日，在广州召开的雷州青年同志社修改章程及改组工作会议，

---

① 参阅《中国共产党湛江历史》1922 年黄学增返回遂溪组织雷州青年同志社和陈独秀 1922 年 6 月 30 日给共产国际报告，谈到广东党组织支持盐业工人罢工，以及 1939 年入党的黄轩回忆黄元常 1923—1924 年在培智学校讲共产党、讲苏联红军的故事。

② 中共遂溪县委党史研究室：《中国共产党遂溪地方史》第一卷，中共党史出版社，2004 年，第 24 页。另有学者认为雷州青年同志社的宗旨是："传播马克思主义，反对军阀统治，驱除法，收回广州湾"。

其上报中国国民党中央执行委员会的备案，以及后来开展活动的历史材料予以佐证。[①]

黄学增回乡组织雷州青年同志社，其成员有一定的地缘和人缘关系。雷州青年同志社十多名青年中，黄广渊是遂溪乐民海山村人，海山村位于敦文村东北方向，距离该村大约3公里，旁边即为乐民港，出海比较容易，隶属于单姓村落，宗族观念普遍，以操雷州话为主，与黄学增母语同一系列。薛文藻、黄成美、刘靖绪等均近敦文村，有些人与黄学增同族。宗族地缘因素为雷州青年同志社的成立发挥一定的作用。

雷州青年同志社成立后，立即对乡村的传统恶习、传统势力进行挑战，青年人与旧乡绅之间的冲突随时发生。

"先择凶蛮恶极的陈河广（六区区长、团总等伪职），向雷州防军司令部控诉。该恶被捕后复释，反遭仇恨，诬告通匪事情。因不能立足，乃避难北上广州"，[②] 遂溪以及湛江地方党史也有相关讲法。由于对方对雷州青年同志社的诬告，使一批青年成员如黄广渊、薛文藻等被通缉，黄广渊等人被迫转移到广州等地读书并继续开展革命活动。

雷州青年同志社从1922—1926年的活动区域主要是雷州半岛的农村及广州市。在黄学增的领导和部署下，其活动内容主要有：与地方民团军阀作斗争，安排社员入读广州黄埔军校、农讲所，加入南征邓本殷的行列，对日本入侵东北地区的声讨，纪念"五

---

① 《薛文藻自白书》。中共湛江市委党史研究室编：《南路农民运动史料》，广东人民出版社，1997年，第244页。

② 见《薛文藻自传》，存于广东遂溪县公安局刑事卷宗第五卷第十七册；及载中共湛江市委党史研究室编：《南路农民运动史料》，广东人民出版社，1997年，第243—244页。

卅"运动和"六二三惨案",反对广州商团叛乱,反对段祺瑞政府勾结帝国主义加重税收,反对法租界广州湾当局等。1924 年 8 月 18 日,黄学增在广州长塘街内主持召开雷州青年同志社大会,韩盈、黄广渊、薛文藻、陈荣位等 20 人参加会议。会议研究修订了雷州青年同志社的宗旨和章程,选出黄学增、韩盈、黄斌、黄广渊、陈荣位、陈荣福、陈遵魁 7 人为执行委员,陈均达、田乃英、余晃 3 人为候补委员。由执委选出韩盈为主任,黄斌为书记,陈荣位兼任会计。会后雷州青年同志社将上述情况呈报国民党中央执行委员会备案。

1924 年 9 月,黄学增从广州返回家乡敦文村,利用雷州青年同志社联络遂溪籍青年黄学家、黄学伦、陈阿隆、陈荣封、黄仲义、刘军、余华柱、刘学明、吴协民、陈克醒、黄铁雄等人,安排他们参加广州黄埔军校第三期、农讲所第四届、广东法官学校第一期学习班。

10 月,雷州青年同志社与广州新学社、广州反帝大联盟等 30 多个团体,先后在广州举行"九七国耻纪念大会"和"警告商团示威大会"。会后,联合发表了《为抗议商团军屠杀"双十"节示威的市民告国民书》。10 月 13 日,雷州青年同志社在广州召开社员会,发表《反对段祺瑞政府勾结帝国主义加重关税》的宣言。会后,向全省发出通电。11 月,雷州青年同志社社员、第二届广州农讲所学员黄杰和陈均达,受国民党中央农民部派遣,秘密返回雷州半岛开展农民运动。1925 年 7 月,雷州青年同志社执委黄广渊返雷州半岛,吸收觉悟青年,组织雷州青年同志社乐民分社,后即分配社员到各乡宣传及组织农民协会。雷社乐民分社当时有社员 110 余人;纪家区分社也成立起来,有社员 10 余人。

1925 年 2 月 1 日，雷州青年同志社代表出席在广东大学大操场举行的"中国青年军人联合会成立大会"。9 月 26 日，黄学增和黄广渊、黄杰等发动在广州的雷州青年同志社与广东省青年农工社、新学生社、青年军人联合团体组成革命青年联合会，选举新学生社代表邓颖超为主席。1926 年 6 月 23 日，雷州青年同志社遂溪分社联合遂溪县农协发表《纪念沙基殉难烈士告各界同胞》宣言。大革命失败后，雷州青年同志社也于 1927 年 4 月停止活动。①

关于雷州青年同志社，还有不少较详细的资料，在此为读者提供。

如中共湛江市委党校郭波（《浅论雷州青年同志社的历史贡献》，《红广角》2015 年第 12 期，第 17 页）曰："对于雷州青年同志社的这段活动历史，大革命时期任遂溪县农民协会副委员长，广东省第二次农民代表大会代表黄学新是这样口述的：'黄学增赴穗读书后第一次返回家乡，便发动薛经光（文藻）、黄广渊、黄美吉（成美）、王树烈、黄而杞及我多人，成立了雷州青年同志社。我们在成立会议上商定了由黄学时出资在敦文村东北方修建乡市一座，税务收入按 4∶3∶3 分成，即四成归黄学时，三成归敦文祠堂，三成归雷州青年同志社。乡市在次年正月十四日正式开市。市场管理费由黄学思（学增胞弟）和黄学庭（黄学时胞弟）负责收取。'"（《敦文村申请补评革命根据地报告》，1982 年）

又如中共遂溪党史办在调研革命遗址工作中，认定雷州青年同志社成立地原址为敦文村黄而杞家里。见中共遂溪县委党史研

① 《薛文藻自白书》。中共湛江市委党史研究室编：《南路农民运动史料》，广东人民出版社，1997 年，第 244 页。

究室编：《遂溪县革命遗址资料选编》（中共党史出版社，2016 年版，第 11—13 页）。

另有学者认为雷州青年同志社的宗旨是："传播马克思主义，反对军阀统治，驱除法帝，收回广州湾。"（见郭波：《浅论雷州青年同志社的历史贡献》，《红广角》2015 年第 12 期，第 16 页）。

在广州雷州青年同志社这批社员相继进入当地学校学习，并不断吸纳更多的同乡进步青年加入。如黄广渊到广州后，首先在省立工业专门学校就读①，后在 1925 年 1 月进入第三届农讲所学习②。薛文藻也是先在工业学校求学，后在 1924 年夏天入读黄埔军校第一期③。王树烈、黄宗寿、黄成美等人在黄埔第三期就读。在黄埔第三期就读的还有敦文村人、黄学增的族弟黄学家，但不知他是否加入过雷州青年同志社。黄埔三期田迺瑛（则是后来加入雷州青年同志社的，他是薛文藻的表弟④）。

搬移到广州后，雷州青年同志社队伍不断扩大，经常参加各类革命活动。

相继加入雷州青年同志社的有韩盈、黄杰、黄斌、陈荣福、陈荣位、田迺瑛、陈均达、陈光礼等同乡邑人。据了解，黄学增、陈荣位、黄斌等人是小学同学；陈荣位是黄斌的姐夫。韩盈为遂溪

---

① 《黄学增请愿书》，见中国国民党汉口档案，中国社会科学院研究所藏。

② 广东农民运动讲习所旧址纪念馆编：《广州农民运动讲习所资料选编》，人民出版社，1987 年，第 105 页。

③ 《薛文藻自传》，存于广东遂溪县公安局刑事卷宗第五卷第十七册。及中共湛江市党委史研究室编：《南路农民运动史料》，广东人民出版社，1997 年，第 244 页。

④ 1932 年，田氏担任国民党第四军某团团长。见《薛文藻自白书》，存于遂溪公安局刑事卷宗第五卷第十七册，1981 年 9 月中共广东省湛江党史办抄录版。

遂城镇南门墟人，1920 年就到广州铁路工程专科学校求学[①]，但是1922 年省立第一甲种工业学校同学录上有其姓名，时为应用化学预科学生。1922 年就在广东党组织机关报《广东群报》发表过时评：《收还广州湾期成会成立了，我们应表示如何态度》[②]。

第二节　初露锋芒

　　1924 年 8 月，黄学增将在第一届农讲所毕业，根据时局需要，他决定在广州召开雷州青年同志社大会，研究本社在国民革命中发挥更大的作用；参加革命大会的有韩盈、黄广渊、薛文藻、陈荣位等 20 人。会议讨论修订雷州青年同志社的宗旨和章程，选出黄学增、韩盈、陈荣位、黄广渊、陈荣福、陈尊（遵）魁等人为执行委员，陈材干、田西瑛、余冕等 3 人为候补委员，推选韩盈为主任，黄斌为书记（文书），陈荣位兼任会计。青年同志会的目的是"训练各社员，用以革命雷州与促进国民革命"。[③] 会后，该社将上述情况，报请国民党中央执行委员会及首长公署备案。

　　据目前留下的中国国民党"汉口档案"，1924 年 5 月，黄学增等人曾呈书国民党中执委，要求国民党政府通缉究办广州湾闻人陈学谈，雷州青年同志社书记黄斌留下的名片其联系地址就是长

---

　　① 中共湛江市委党史研究室编：《南路农民运动史料》，广东人民出版社，1997 年，第 269 页。

　　② 中央档案馆、广东省档案馆：《广东革命历史文件汇集》（1919—1949，广东报刊资料选辑），1991 年 12 月，第 156 页。

　　③ 《广州民国日报》1924 年 8 月 23 日。

塘街金鱼塘遂溪学会①。

雷州青年同志社在广州机构组织正规化后，即投身当时热烈开展的国民革命中去。1924年9月，广州各界人士在第一公园举行盛大的"九七国耻纪念大会"，瞿秋白、阮啸仙、刘尔崧、孙律西、罗绮园、彭湃等人相继在大会上发表演说。

1925年9月，黄学增奉区委之命，从广州秘密回到遂溪，协助已提前回到雷州半岛的韩盈、黄广渊等，建立雷州青年同志社乐民分社②。雷州青年同志社在遂溪恢复活动后，即投入国民革命中，相关人员下乡开展宣传和组织农会、农军工作。同年，雷州青年同志社纪家分社在遂溪第七区成立，成员包括黄仲琴、黄魁元、黄雨农等10余人。雷州青年同志社文书黄斌的家乡就在纪家上郎村。1925年12月，国民革命军光复雷州半岛，雷州青年同志社在雷州半岛的活动由秘密转为公开。是月15日，雷州青年同志社公开发表对雷州善后的宣言③：

邓逆本殷，自盘踞雷州以来，给予雷民之痛苦，如迫种鸦片，包庇烟赌，勒捐军饷，私铸假银，巧设人头税及各种苛捐杂税，纵兵奸淫抢掠及强占民房，种种事实，罄竹难书，雷民何辜，遭此蹂躏！遂致耕者不给食，织者不给衣，民穷财尽，生计日非。酿成哀鸿遍野，盗匪充斥，甚至因此流离失所，转死沟壑者，二十万人，言念及此，痛心扉既！迺者国民革命军南，一呼而南路各属次第

---

① 中国国民党汉口档案，中国社会科学院近代史研究所藏。

② 许振泳、林忠佳选编：《一九二五年国民革命军东征南征资料选辑》，中央档案馆、广东省档案馆：《广东革命历史文件汇集》，1992年10月，第31页。

③ 中国国民党五部档案，中国社会科学院近代史研究所藏。

克复，邓逆之命运于以短促，雷民之痛苦，至此可告一结。然而国民革命军此次南征，不惟在驱除邓逆一人，尤以在驱除邓之后，永无与邓逆同样之继起者，雷民急切之要求，亦尽在于此。所以此后对于邓逆之一切恶政，务须根本取消，对于地方之一切建设，务须站在人民利益上面；同时并要灌输以孙总理之三民主义，以冀雷民之彻底觉悟，履行国民党政纲之对内政策，以致雷民之生活满慰，此不惟表现南征之意义，抑亦巩固革命之根基。本社本爱国爱乡之心，谨代表雷州一般民众提出以下最低的要求：一、铲除贪官污吏劣绅土豪；二、肃清散兵土匪；三、废除苛捐杂税；四、严禁烟赌；五、救济失业农民；六、扶助工农团体之发展；七、保护青年之一切利益；八、改良盐务；九、振兴实业；十、整顿教育；十一、提倡女权。

雷州青年同志社除了乐民分社、纪家分社外，还有遂溪分社。1926年5月在国民党贪官劣绅杀害农运人员程赓时，雷州青年同志社遂溪分社在时任广东省农民协会南路办事处主任黄学增等人的指示下，连同国民党遂溪县党部、遂溪农民协会等机构社团向国民党中央执行委员会等部门发出如下通电："中央执行委员会、中央组织部、监察委员会、广东省执行委员会、省组织部、广东省政府民政厅、南路特别委员会、各县执行委员会钧鉴：徐闻县之贪官污吏现任县长谭鸿任、课员陈兆革（萃）、土豪劣绅现任保卫团总局长邓祖禹等，向为反革命分子，逆贼余孽。如邓祖禹屡充邓逆本殷之咨议局长等职，陈兆革（萃）充陈逆学谈之参谋书记等职，至谭鸿任乃无耻之官僚政客，与匪为友之徒。今互相勾结，狼狈为奸，伪名入党，欲乘机操纵选举，把持党政，为他的护符，遂其私欲。组（早）为该筹备处窥破他的阴谋手段。于是挟恨含忌，对于筹备处施以攻击，所有党务莫不为其摧残破坏，筹备经费亦为其制止。目下该处因压迫过甚，进行工作完全停顿。呜呼！贪官劣绅之阴恨罪恶，其肉足食乎！兹为党务前途计，用特声罪臻援。务望钧会诸公，对于该县筹备处迅赐维持，而贪官劣绅则严为惩治，以维党务而除党祸，本党幸甚。遂溪执行委员会、遂溪农民协会、遂溪县商民协会、遂溪县学会联合会、国民会议促成会遂溪分会、雷州青年同志社遂溪分社，遂溪县总工会、妇女协会遂溪分会叩。印。"① 随后在 1926 年 5 月 30 日的"五卅"纪念大会召开日，雷州青年同志社遂溪分社发出《"五卅"中杀案敬告民众书》，揭露帝国主义屠杀上海工人的罪行，号召民众"联合一致"，"向帝国主义、军阀、贪官污吏、大地主进攻，为死难同胞报仇"。如下是《"五卅"中杀案敬告民众书》的内容②。

"五卅"中（惨）杀案敬告民众书

工友们！农友们！各界同胞们！

数千年来，我们呻吟于帝国主义、军阀、贪官污吏、大地主铁蹄之下，任他们摧残、杀戮，□我们，欲灭我国。我们仍不知道吗？如去年五月廿九日，在上海日本纱工厂的时候，我们的工友，感其生活程度太多，乃群起要求厂主□□□□工资，以维生计。而日本之帝国主义者，觉得这样的要求，与他□□很大的权利。至五月卅日，□□他们武装，开枪向我们的工友轰毙。我们国民，

---

① 中共湛江市委党史研究室编：《南路农民运动史料》，广东人民出版社，1997 年，第 95—96 页。

② "遂溪县人代会、农协会宣言等"，遂溪档案馆。按，此份文献已注明 1962 年 12 月从广东省档案馆摘抄。

若作哀心痛狂，□□忍受。

现帝国主义者，横行我国，他们天良，已丧失了。而国内军阀、贪官污吏、大地主，就不惜我们的生命，互相勾结，狼狈为奸，□□□我们的口口转于沟壑，比比散消四方。□□遍野，惨无天日，而良心又安在呢？

同胞们！同胞们！现我们自己联合一致，□牺牲向帝国主义、军阀、贪官污吏、大地主□进攻，□□我们□□□□□复仇，□□一般民众完全的解放，免受帝国主义□□□□□，□□□□□的街头，不□中国变成了朝鲜第二，则□□□□，而含笑于九泉……

我们最亲爱的同胞们！帝国主义、军阀、贪官污吏、大地主，现□命运快终了，我们的解放时期已到了，应即一致奋起反抗！

打倒帝国主义！

打倒卖国军阀及一切贪官污吏！

打倒大地主！

废除不平等条约！

1924 年 1 月，中国国民党第一次全国代表大会召开，重新解释了三民主义，确立了联俄、联共、扶助农工的三大政策，为国共合作奠定了政治基础。同时大会确定了中国共产党党员和社会主义青年团以个人身份参加国民党的原则。中国国民党一大的召开标志着第一次国共合作正式形成。当时，很多中共党员和共青团员加入国民党，一方面协助国民党发展党务，另一方面以国民党党员的身份开展对农民运动的组织工作。

国民党一大以后，根据中国共产党中央的决议，黄学增以个人名义加入国民党，并根据党的决议，回到家乡雷州半岛协助国民党发展基层组织。

南路同盟会略有发展，出名的同盟会成员有杨益三（遂溪黄略文车村人）、陈鹤舫（吴川泗岸坭上村人）、李汉魂（吴川岭头村人）、梁海珊（高州人）等人。

廉江还成立了中国同盟会粤支部廉江分部，部长为江琮（玉泉、山渊）。其后虽然经过国民党、中华革命党、中国国民党的阶段，但由于雷州半岛一直是陈炯明、邓本殷等军阀的势力范围，加上广州湾为法殖民者管辖的区域，国民党组织一直都没有得到很好的发展。如1921—1922年廉江已存在分部，分部长是潘林雄[①]。但至1924年2月，国民党廉江分部党员人数仅为10人[②]。1921—1922年遂溪分部长是黄荣，具体人数不详。其后我们在1922年3月印刷的《省立第一甲种工业学校同学录》中发现黄荣的姓名。黄荣，别号见龙，遂溪人，时为染织本科三年级学生，与周其鉴、罗国杰等人为同班同学，通信地址为广州湾寇竹新市公局转。寇竹，亦称库竹，库竹为"寇竹"雷州话转音，据说宋朝官员寇准被贬雷州逝世后，灵柩曾停于此渡，因此得名。寇竹乡时与法租借地广州湾太平市接壤。黄学增在1926年写成《广东南路各县农民政治经济概况》里也谈到黄荣，"他是该区（按：指遂溪第四区，管辖寇竹乡、文里乡、城月市乡等）区长，颇肯努力工作，但名利心稍重"[③]。根据雷州半岛国民党组

---

① 按：潘氏后担任遂溪县第六区区长，在1927年4月时因税务之争被乐民农会扣押，引发了"海山暴动"。

② 转见〔日〕深町英夫：《近代广东的政党·社会·国家——中国国民党及其党国体制的形成过程》，社会科学文献出版社，2003年，第202、204页。

③ 《中国农民》第一卷第四期（1926年4月1日），湘潭大学出版社。《红藏·进步期刊》系列影印本，2014年，第412页。

织的情况，黄学增在 1924 年国共达成第一次合作后，奉命回到家乡发展国民党。黄学增以他卓越的才能与丰厚的革命理论水平，以及广泛的人缘关系，一方面发展当地的国民党基层组织，另一方面大力发展倡导国民革命。他的努力遂引起当地多支敌对势力——如法殖民地政府、陈炯明势力集团等——的恐惧，遂遭受他们的追杀与通缉。

1924 年 5 月 26 日，黄学增等人向国民党中央执行委员会发出请愿书："为请愿事，窃查雷州伪善后处处长陈学谈即陈焕……于本年二月四日捕党员黄汝南、梁竹生（均遂溪人），在雷垣惨刑处死。复相继通党员黄荣、黄学曾、黄河丰、方景、黄汝清等，种种罪恶实为罄竹难书。噫！雷祸极矣，倘非迅即厉行绝对剿缉，该贼则残喘，雷民将必同归于尽。是以学曾等用特沥情呈诉，恳钧会风迅赐议决，分行指日痛剿，令缉该贼陈学谈，俾免法外逍遥而拯黎庶。"[1]

1924 年 7 月，天气恶劣。时见赤日，转眼天晴，又见阴晦。陈鹏、符孔扬、蔡干材与陈善等 4 位留省雷州籍学生经广州湾西营回家途中，被陈学谈唆使巡捕将该生等逮捕拘禁在赤坎公局，惨加虐待。黄学增在广州的主要活动团体——遂溪留省学会、海康留省学会、徐闻留省学会三团体即向中国国民党中央执行委员会上书控告陈学谈。控告书这样写道："国际地位原重各享平等立之

---

[1] 《黄学增请愿书》，中国国民党汉口档案，中国社会科学院近代史研究所藏。这份请愿书寄出地址是长塘街金鱼塘遂溪学会，落款人人员如下：雷州国民党员黄学曾（印）、薛文藻（印）、黄荣（印）、韩盈（印）、陈家聪（印）、陈光礼（印）、黄广渊（印）、田迺瑛（印）、黄斌（印）、余冕（印）、邓成球（印）、陈荣福（印）、陈进修（印）、陈荣位（印）、陈炳森（印）、黄杰（印）。

权，国内法规本与人民身体自由之利，两关法定，奚待教陈查州波自被法人占据以来，对本国人民常施压，近复勾结雷州伪善后处长美赤坎公局长陈学谈作俑其间……"为了"保人民而维国脉，收领土而复主权"，请求孙中山、伍廷芳、廖仲恺和许崇清等一致向广州法领事交涉①。或许黄学增在家乡发展国民党情况比较好，或许黄学增已在当地国民革命圈颇有地位，即使后来黄学增回到广州从事另外国民运动工作，但广州湾的敌对势力仍然对他恐惧，还派人前往广州刺探黄学增的情况。

1924 年 7 月 23 日，《广州民国报》以"陈学淡（谈）大捕学生原来是土匪头"为题，登刊一则报道："雷州伪善后处长兼广州湾赤坎公局长陈学淡（即雷州著名土匪头）历年勾结广州湾法政府之败类，焚杀雷州，雷人恨之入骨，且益加甚，即发传单，宣布该匪罪状，因此该匪甚含恨雷州旅省各界，尤其是含恨黄学曾、陈家聪等。上月该匪侦知学曾有行李书籍印刷品等件，放在坎义利号，即差人到店将物件搜去，并将店伴三人拘去监禁，后经各商店盖章取保，赤始将三人放出。迄本月初八日，留省学生陈鹏、陈善等六七人，由香港搭河内船经广州湾西营返家，船抵西营时，该匪侦知，命伯长将陈等六七人拿入西营绿衣楼，越日将陈等押赴赤坎公局拘禁。该匪党徒梁道济等，多端凌辱，状极难受。现雷州在省各界，以法政府无故拘拿学生，交予该匪，甚为愤激，拟联请政府向沙面法领事提出抗议，以保学生自由云。"1924 年 7 月 26 日，《广州民国日报》继续刊登相关消息——"又捉获逆党恶探陈磊夫原来是陈怀琦"："雷州伪善后处长陈学谈，派海康分庭察官

---

① 《遂溪留省学会中执会呈》，1924 年 8 月 4 日，中国国民党汉口档案，中国社会科学院近代史研究所藏。

陈怀琦，一名陈禹铸，假名陈磊夫，潜来省城，刺探军情，以思祸国害乡，于廿三晚十二时，为公安局特别侦辑处侦知，不动声色，在西湖街公益旅馆二十七号房，将该探捉获。于廿四日解赴公安局。查该探为陈逆学谈健将所有陈逆解散国民党党部捕杀通缉国民党员，强夺公枪，开铸伪银，协编民团，诛勒商民，及拿捕学生各事，均为该探主谋。现雷州在省国民党员以该探罪恶贯盈，经联名到局指证，请求严办，但尚有与该探关系密切之吴某某，极力为该探奔走求保云。"

第三节　与恶势力、土匪作坚决斗争

资料显示，1881 年陈学谈出生于遂溪铺仔北月村（现湛江市霞山区北月村）的一个贫困家庭，小时候因家贫而辍学，成年后赌博、吸鸦片烟。他的发迹乃是不义之财。1910—1911 年，广州湾总公使的西贡籍秘书到西营后任命他为海头墟民团团长。当时广州湾法国殖民者曾说，"赤坎、志满铺仔和太平的绥靖和安全更赖于陈学谈"。① 在 1914—1915 年，陈学谈已成为广州湾"富商"，拥有巨额财富（估计 4 万皮阿斯特）和大批不动产。在 1914 年 12 月 10 日，广州湾殖民地政府驻赤坎副公使兼市长戴维应赤坎商界的要求任命陈学谈为"绥靖长官，赤坎商团团长"；虽然法国相关部门对此不同意，甚至"认为这将给（当地）社会秩序混乱埋下祸根，不宜提倡，因此要求立刻撤销任命，并成立真正的治安力

––––––––––––––––
①

量，取代私人治安力量"。① 但此时陈学谈已向当地商贾募集资金、招募队员了。

黄学增还揭露陈学谈联合土匪到遂溪县北座和湛川村烧毁村民房舍、抢夺财物的罪行。

1916 年 4 月 1 日，陈学谈被当地殖民地政府任命为赤坎公局局长。5 月 21 日，赤坎被殖民地政府升格为自治市，拥有自己的预算权。陈学谈手上掌握的私人力量随后被整编为赤坎市治安队，成为公共治安力量。但按照权限职责，陈学谈的管辖也只是殖民地的赤坎范围，且是维护秩序而已。1922 年 10 月，陈学谈计划"担任遂溪县署理县长"②，但没有当成。

陈学谈仍然保留着自己的武装力量。陈学谈等敌对势力对黄学增的敌视似乎一直都在延续着。1926 年 6 月，黄学增写给罗绮园信提及："六月廿五日，我刚从广州到梅菉，因为雷州方面党务和农运工作，须我去指导，故于廿七日又从梅菉起程赴雷州。本来从梅菉赴雷州，经过广州湾路程较近而且易行，但广州湾法帝国主义及其走狗——一般反革命派极其痛恨我，每想伺而食之。不得已，是日从梅菉绕道吴川，决定从吴川至黄坡、龙头岭、企坎、直趋遂溪之新埠以入麻章，出安铺而抵雷州城。"正是这次行程，黄学增遇上了土匪，被劫去银圆、手表、衣服、纪念章、职员证章等物件。"本来此处经过吴川之龙头岭一带，在梅菉早已知道

---

① ［法］安托万·瓦尼亚尔著，郭丽娜、王钦峰译：《广州湾租借地：法国在东亚的殖民困境》（下卷），暨南大学出版社，2016 年，第 164—165 页。

② ［法］安托万·瓦尼亚尔著，郭丽娜、王钦峰译：《广州湾租借地：法国在东亚的殖民困境》（下卷），暨南大学出版社，2016 年，第 164—165 页。

有土匪的，不过为着党和农民的利益，不得不去，而且一个真正的革命党人，时时是准备牺牲的。"[1] 后来罗绮园在第二次农民代表大会上作报告时，也专门提及此事。"土匪民团进攻农会的情形 土匪一方面攻打农会，另一方面又混进农会。南路更是随处行不通，黄学增同志最近曾被土匪掳去，结果欺骗土匪，说自己是小学教师，生活很苦并非机关里面的职员，后来算是被骗倒了，并且还骗得一元六角钱走。"[2] 至于 1924 年 7 月 23 日《广州民国日报》提及的"学曾有行李书籍印刷品等件，放在坎义利号，即差人到店将物件搜去，并将店伴三人拘去监禁，后经各商店盖章取保，赤始将三人放出"。[按，据抗战时期韦健调查，赤坎法国大马路（现中山二路）仍有义利行商号存[3]。] 说明黄学增与家乡时有联系，也利用在广州读书、工作的机会，将先进的知识向家乡人传播。《中国共产党遂溪地方史》有载："在广州等地开展革命活动期间，经常给家乡青年同学寄回各种进步书刊，向家乡青年介绍和宣传新文化思想、五四运动思想以及社会主义、共产主义思想。其时，各种进步书刊源源不断地涌入遂溪、遂溪县立第七小学（在麻章）、遂溪中学、遂溪简易师范、雷州省立第十中学等地的青年教师和进步学生也相互传进步书籍，救国救民思想逐渐在这些青年师生中传播开来……为开展革命运动奠定了重要的

---

① 黄学增：《吴川遇险情形》，《犁头》第 11 期（1926 年 7 月 21 日），湘潭大学出版社，《红藏·进步期刊》系列影印本，2014 年，第 290—291 页。

② 广东省档案馆、中共广东省委党史研究委员会办公室编：《广东区党、团研究史料（1921—1926）》，广东人民出版社，1983 年，第 388 页。

③ 韦健：《广州湾商业指南年鉴合辑》，（香港）东南出版社，1943 年，第 46 页。

思想基础。"① 1942 年曾参加过延安文艺座谈会的邑人郑星燕回忆："学习所在的麻章圩县立第七小学，是我县（按，指遂溪县）革命运动中心之一。"② 通过 1924 年黄学增与陈学谈之间的关系，我们不难发现，虽然国民党 1924 年在广州建立大元帅府，1925 年建立国民政府，但由于国民党在组织网络、自主性及内聚力三个层面全面弱化，使其在地方管理、组织建设中处于绝对劣势，同时还被乡村劣绅、土匪恶霸势力挟持、俘获，尤基在军阀占据的地方表现更加明显，如何在帝国主义、军阀包围的环境中进行国民革命？对国民党而言，举步维艰。

---

① 中共遂溪县委党史研究室：《中国共产党遂溪地方史》第一卷，中共党史出版社，2004 年，第 23 页。

② 郑星燕：《关于 1925 年以后遂溪和南路革命活动的一些情况》，中共遂溪县委党史研究室编：《历史回顾——新民主主义时期遂溪革命回忆录》（第一辑），2003 年，第 27 页。

第四章

燃起基层组织的火焰

革命之火是星星之火，如果在农村基层点燃，必定燃遍全国，经久不熄。

第一节　发展国民党基层组织

1922 年，中共二大通过了《中国共产党加入第三国际决议案》，同意"中国共产党为国际共产党之中国支部"。1923 年 6 月 12—20 日，中共三大在广州召开。会议的中心议题是国共合作问题，此次会议通过了《关于国民运动及国民党问题的议决案》。议决案明确指出："共产国际执行委员会议决中国共产党须与中国国民党合作，共产党党员应加入国民党。"并强调保持共产党政治上、组织上、思想上的独立性。[①] 中共三大后，中国共产党部分党员陆续以个人名义加入国民党，协助推行国民革命。黄学增根据

---

① 中央档案馆：《中共中央文件选集》第一册（1921—1925），中共中央党校出版社，1982 年，第 115—116 页。

党的决议，以个人名义加入了国民党。

加入国民党后，黄学增在家乡雷州半岛的工作极其繁忙，主要是协助国民党发展基层组织。因此，他遭受由叶举委任的雷州善后处处长陈学谈的追杀与通缉，有《黄学曾请愿书》①为证。黄学增在《黄学曾请愿书》中说："为请愿事……于本年（1924年）二月四日捕党员黄汝南、梁竹生（均遂溪人），在雷垣惨刑处死。复相继通缉党员黄荣、黄学曾、黄河丰、方景、黄汝清等，种种罪恶实为罄竹难书。噫！雷祸极矣，倘非迅即厉行绝对剿缉，该贼刚残喘，雷民将必同归于尽。是以学曾等用特沥情呈诉，恳钧会风迅赐议决，分行指日痛剿，令缉该贼陈学谈，俾免法外道遥而拯黎庶。"又一国民党汉口档案《党员黄学曾等请愿书》有说："自土匪头陈学谈受逆命，擅称雷州伪善后处长之时，该探（陈磊夫）以捣乱时机已至，始则合同陈逆学谈解散雷州各县国民党分部，捕杀国民党分部党员黄汝南、梁竹生，通缉党员黄学曾、黄荣、方景等。"1924年8月8日，《雷州遂溪党员黄学增等请愿惩办敌探陈磊夫函》②得到批准。

而早在1923年秋，黄学增在广州读书和参加革命，他和同样在广州读书的遂溪青年韩盈、黄广渊等人发起组织雷州青年留穗同学会，把在广州读书的雷州三属的青年团结起来，学习革命理论。为团结更多进步青年，黄学增还邀请了相邻的高州、琼崖等地在广州求学的学生，加入雷州青年留穗同学会。同时，他还与韩盈一起，给家乡青年同学寄去各种进步书刊，向他们介绍和宣传新文化思想、五四运动精神以及共产主义思想。其时，各种进

---

① 此件为中国国民党汉口档案，中国社会科学院近代史研究所藏。
② 此件为中国国民党汉口档案，中国社会科学院近代史研究所藏。

步书刊源源不断进入遂溪，遂溪县立第七小学（麻章小学）、遂溪中学、遂溪简易师范、广东省立第十中学（雷州中学）等地的青年教师和进步学生互相传阅进步书籍，救国救民思想在这些青年师生中传播开来，为遂溪青年开展革命运动、建立基层组织奠定了重要的思想基础。

自 1923 年冬起，黄学增除了协助国民党发展基层组织外，还在深圳等地发展中共组织及相关团体。如在深圳宝安地区，协助当地建立起地区第一个中共组织——中共宝安支部，并担任第一个党支书；又如在广州，将因受民团团长陈河广诬告而遭到破坏的雷州青年同志社重新组织起来。

1924 年 7 月，黄学增成为由国民党中央农民部举办的广州农民运动讲习所第一届学员。他积极加强理论知识的学习与军事的训练。毕业后①，黄学增被任命为中国国民党中央农民部农民运动特派员，前往宝安、花县等地开展农民运动，并被选为花县农民协会执行委员会委员长。随后在中国国民党中央执行委员会第五十六次会议上，黄学增通过其所属的农民部报告了农民运动存在的困难，请求设法解决，决议交常务委员会审定。黄学增成为特派员的时间不长，即有提案上交中央，是难得的。

---

① 农讲所第一届是在 1924 年 7 月 3 日开学，8 月 20 日毕业，其间有 10 天到黄埔军校进行军事训练。

第二节　在家乡播下革命火种

　　党的一大之后，黄学增由社会主义青年团团员转为中国共产党党员，为南路最早的中国共产党党员。次年，他利用暑假时间返回家乡遂溪县敦文村，拜祭病故的母亲、大哥。这时的黄学增已经是一名具有坚定共产主义信仰的共产党员。其间，他串联发动同乡黄广渊等数十名知识青年组织雷州青年同志社，在雷州播下革命种子。黄学增决心让革命火种在雷州半岛迅速传播，形成星火燎原之势。他除了勉励雷州青年同志社的社员们到各乡各区发动群众外，自己也身先士卒，把革命的火种传得更远。

　　他想到了东海岛上东参村的盐商黄元常。这位同姓兄弟在黄学增到广州读书时就已经伸出援助之手。黄学增那时常抽空上岛探望他，并多次向他宣传马克思主义，讲革命道理。两人彼此谈得很上心。

　　黄元常，1905 年出身于东海岛东参村一个经营盐场的家庭，13 岁就随父亲贩盐到广州湾赤坎的鸭嬉港出售。1923 年，18 岁的黄元常结束流动贩盐的日子，每天往返东海岛营生，在鸭嬉港开了黄记盐店，经营盐等生活用品。黄记盐店成为广州湾和遂溪黄氏族人以及各方人员往来频繁的一个场所。

　　受广东党组织派遣，黄学增多次返家乡从事革命活动，落脚点就在黄记盐店。他住在黄记盐店，这个店就成了他宣传马克思主义的阵地。他向盐店的盐工们讲述什么是马克思主义；列宁等革命领袖是怎样领导起义水兵发动十月革命的；广州当时的政治形势及革命运动的情况是怎样的……黄记盐店的盐工们慢慢地感受到革命的重要性，知道推翻帝国主义和军阀统治的任务是多么艰巨，也渐渐懂得自己也有责任参加革命。他们看到黄学增为革命日夜奔波，冒着生命危险开展农民运动，十分感动。他们喜欢走近黄学增，保护黄学增，并传播黄学增所谈论的革命斗争思想。黄记盐店的店员们，在走街串巷送盐卖盐的过程中，在茶余饭后的交谈中，都有意无意地谈及他们从黄学增处听来的广州革命运动的情况，革命思想在广州湾传播开去。

黄元常更是深受影响，思想觉悟逐步提高。他谨记黄学增组织雷州青年同志社的宗旨："宣传社会主义、共产主义思想，并采取直接行动的方法，以达到改造社会的目的。"[①] 黄元常知道，这是雷州半岛第一个具有共产主义思想的革命的组织，集合了雷州半岛大批有志青年。他从中加深了对革命理论的理解，对创建不久的中国共产党有了进一步的认识，更积极支持黄学增。

于是，黄元常的黄记盐店就成了雷州革命青年的聚集地。1925年6月，省港大罢工爆发，黄学增就是以黄记盐店为联络点，发动盐工、船员、装卸工起来支援省港大罢工。同年夏秋间，已经在广州加入中国共产党的雷州青年同志社骨干韩盈、黄广渊、苏天春、钟竹筠等人接受党组织的派遣，纷纷返回雷州半岛开展活动。他们也常来广州湾，以黄记盐店为落脚点、宣传点，通过黄元常和人民群众了解军阀邓本殷的情况，为国民革命军南征提供有效的援助。

由于黄元常的关系，黄学增于1922年间回到广州湾，顺道看望了支持他读书的宗亲们。在黄元常的陪同下，他曾到东海岛的东参村居住了一段时间，住宿地点在东参村的培智学校（也是黄

---

① 见《中国共产党赤坎历史》，第15页。

氏宗祠）。培智学校前身是东参书塾。1923 年春天，黄学增曾满怀深情地在此任教，宣传马克思主义思想，播下革命种子，并亲自将其命名为"培智学校"。

黄学增以在培智学校教书为名，向学生宣传马克思主义和革命思想，在村里发展了 7 个人作为革命的后备力量，但因他在东参村停留的时间不长，没能在东参村更进一步地宣传革命、发动群众、发展组织。

如今，广东省文物考古研究所经过实地考察，决定按照《中华人民共和国文物保护法》的相关规定，发出"粤文物审〔2020〕10 号文件"："培智学校旧址（黄氏宗祠）始建于清代后期，原为宗祠，1922 年改为培智学校，是广州湾时期最早的新式学校、广州湾革命策源地之一，为 1922 年建立的雷州青年同志社广州湾联络站旧址、东参村抗日救国读书会旧址等红色革命遗迹，具有重要的红色历史价值和文物价值，对研究南路革命与东海岛革命历史具有重要意义，需原址保护。"

黄氏宗祠

1926 年 4 月，黄学增再次来到东海岛，专门去庵里村考察盐业工人的状况，酝酿成立盐业工会。虽然这件事情最终没有做成，但黄学增的到来无疑是一次次革命思想传播的过程，给偏远的东海岛撒播了革命星火，打破了海岛的沉寂，使得海岛人民从此接受了革命思想的启蒙。黄学增是第一个进入法国租借地广州湾活动的共产党人。他教育、引导广州湾赤坎盐商黄元常倾向、支持革命；他深入广州湾东海岛乡村，在盐工中宣传马克思主义；他在广州湾南二淡水沟发展党员，建立海上交通站，把革命的火种撒播进广州湾人民的心里。

第三节　在第一届农民运动讲习所学习

1924 年 1 月 20—30 日，中国国民党举行了第一次全国代表大会，这是中国国民党自成立以来第一次召开如此规模的大会，亦是国共携手合作的盛会。它标志着当时中国两个最先进的政党在反帝反封建的旗帜之下走到了一起。

1924 年 5 月 5 日，国民党中央农民运动委员会成立，由廖仲恺、谭平山、戴季陶、佛郎克（德）为委员，"借以协助农民部的工作由委员会的建议，农民部始组织农民运动讲习所"[①]。

---

① 张自强：《广东农民运动》，《工业改造》1927 年第 14 期，第 11 页。另，1924 年 6 月 30 日，国民党中央执行委员会第三十九次会议即通过"农民运动第一步实施方案"，方案中认为："组织农民运动讲习所，以一个月为讲习时间；讲习完毕后，选充为农民运动特派队员。"转梁尚贤：《国民党与广东农民运动》，广东人民出版社，2004 年，第 25 页。

彭湃，乳名天泉，学名汉育，广东海丰人，出生于工商业兼地主的家庭，日本早稻田大学毕业，1921 年加入中国社会主义青年团，1924 年初转入中国共产党。早在 1922 年即在广东海丰地区发动农民运动，先后成立了 6 人农会、赤山约农会等。1923 年海丰县总农会成立，选举彭湃为会长。至 3 月底，会员达 2 万户、10 万多人，占全县总人数的 1/4。至 5 月初，海丰、陆丰、归善（惠阳）三县农会会员达 20 余万人。随后海丰总农会改组为"惠州农民联合会"，彭湃为会长。7 月再扩大成立"广东省农会"，他当选执行委员长。彭湃后来被誉为"农民运动大王"。1926 年，中共广东区委在《广东农民运动》报告中也指出："国民党改组后，国民党认定农民运动是革命工作之一，我们因用国民党中央农民部名义工作，开办农民运动讲习所。"①

1924 年 7 月 3 日，农民运动讲习所第一届在广州开学，所址在广州越秀南路 53 号（今 89 号）惠州会馆，时为中国国民党中央党部所在地。彭湃任主任，教员有彭湃、谭平山、阮啸仙、罗绮园、鲍罗廷、法朗克、加伦等。第一届农民运动讲习所招生工作由国民党中央组织部主持，中国农民部规定学员的报考条件是"中国国民党志愿从事农民运动者皆得报考"②。但"选派学生应注意"几点，其中包括："（一）学生须经过严格考试，具备下列三项资格：1. 决心做农民运动，并无他项异想；2. 中学程度，文理通顺；3. 年龄十八以上二十八以下，身体强健无疾病；4. 勇敢奋斗精神。

---

① 《中共广东区委关于广东农民运动报告》（1926 年 10 月印），载中央档案馆、广东省档案馆：《广东革命历史文件汇集》（中共广东区委文件，1921—1926），1982 年 10 月，第 256 页。

② 《广州民国日报》1924 年 7 月 24 日。

（二）不收女生。"① 第一届共录取学生 38 人，其中中共党员和社会主义青年团员占 20 人。1924 年 7 月 3 日，黄学增开始入读农民运动讲习所，成为农民运动讲习所第一届学员。同学之中包括韦启瑞、侯凤池、丘鉴志、陈式熹、梁复燃、陈伯忠等人。他们后期一直从事农民运动，从事中国共产党早期活动。

根据记载，农民运动讲习所经严格的毕业考试，38 名学员中考试不合格者 3 名，退学者 1 名，病殁者 1 名。获得毕业证书的有 33 名。他们分别是：李冠南、黄学增、韦启瑞、陈伯忠、何植霖、王镜湖、郭新、黄超凡、郑千里、苏南、高恬波、李曼如、洪春荣、侯凤池、侯静山、胡任兴、李可群、莫萃华、梁复燃、陈雄志、李民智、周镇元、梁功炽、黎轻发、陈振铭、梁桂华、王振柔、叶介之、钟觉、萧一平、李元、丘鉴志、陈式熹。②

农民部对此 33 名农运特派员进行考核，其中包括了黄学增。

我们考核这二十三个特派员在数月中的工作，有些很努力做事很有绩，有些太麻木了，两个多月竟没报告过一次！更有些在外招摇谋个人活动的。所以不能不甄别一下，以定去留。我们考察的结果，定了几种办法：1. 撤销；2. 停止津贴；3. 警告；4. 留职；5. 奖励。现在将各特派员甄别如次：1. 叶介之、钟觉、李可群三人，应即撤销特派员资格。（理由）叶介之屡次在花县坏县农民协会，浮开川资，在外为个人活动；钟觉于一月来绝不到部，函

---

① 广州农民运动讲习所旧址纪念馆编：《广州农民运动讲习所资料选编》，人民出版社，1987 年，第 32 页。但第一届却有两名女生，其中一名是广东第一个中共女党员——阮啸仙的夫人高波。

② 广州农民运动讲习所旧址纪念馆编：《广州农民运动讲习所资料选编》，人民出版社，1987 年，第 32 页。

称病剧，一再请假，而每日均见其沿街喝茶；李可群在新会不努力工作，连两月不报农民部。2. 丘鉴志、陈式、李元、陈雄志、李冠南五人，应即停止津贴。（理由）本部第十六次会议通过在外兼职或不努力工作者，即行停止津贴。今丘鉴志、陈式虽甚努力为农民运动，然他们同时兼任小学教员，于决议案不符，特派员津贴仍应取消。李元、陈雄志、李冠南对工作不甚努力，间数语，能尽责，应停止津贴一月，在一月内能努力工作，一反从前情习，经本部查确，始于恢复。3. 黎轻发、王镜湖、周镇元三人应留部察看，加以警告。（理由）黎轻发办理长洲农会，王镜湖办理花县农会，周镇元办理顺德农会，颇有薄效，亦尝努力。惟一则过于浪漫，一则做事颇顺预，是其弊病，留部察看一月，再定去留。4. 韦启瑞、苏南、郭新、李民智、梁复燃、莫萃华、梁功炽、陈伯忠、郑千里、梁桂华十人应留职任事。（理由）该特派员等三月来办理各处农民协会，甚著劳绩，四处宣传，不畏艰难，次，均能尽。5. 黄学增、侯凤墀应各每月加薪五元，用示奖励。（理由）黄学曾勇于任事，才能称取。侯凤墀办理花县农会，心力交瘁。众人之中，可称佼（姣姣），应予奖励，以为众。综上所列，凡撤差者三人，停止津贴者五人，应加警告者三人，留职者十人，奖励者二人。谨将我们的意见报告部长，是否可行，仍候钧裁。秘书罗绮园，组织员阮啸仙、彭湃。

以上是 1924 年 11 月 29 日，罗绮园、阮啸仙、彭湃三人联名递交的有关农民运动特派员考核情况的报告。[①]

---

① 中国国民党五部档案，中国社会科学院近代史所藏。

1915 年 1 月 18 日，日本驻华公使日置益向中华民国总统袁世凯递交了几页写在有兵舰和机关枪水印的纸上的文件，即臭名昭著的"二十一条"。

1925 年 5 月 14 日，上海日本纱厂为抗议日本资方无理开除工人，遂举行罢工。罢工过程中日本资本家竟然开枪射击，打死工人顾正红（中国共产党党员），打伤 10 余名工人，引发上海工人、学生和市民的强烈愤怒。5 月 22 日，上海各团体开会追悼顾正红，学生团体参与，但在途经公共租界时 4 人遭到逮捕。5 月 30 日，上海学生联合会遂举行游行讲演。当部分学生游行至南京路时继续遭到逮捕。学生群体及群众千余人徒手至捕房门口，要求释放被捕者，竟遭到英国捕房的开枪射击，当场死去学生 4 人，重伤 3 人。同时租界当局更是调停军队而来，宣布戒严，任意枪击群众。这就是震动全国的"五卅惨案"。"五卅惨案"消息传出后，全国民意沸腾，全国揭起新一轮反帝国主义示威运动。6 月 2 日，闻知消息的广州市民在国共两党领导下，也进行一场游行示威活动。6 月 3 日，《广州民国日报》以"广州市民昨日之巡行示威情形"为题报道一则提及黄学增的信息，因里面不仅保留担任大会主席团主任黄学增的发言与活动概况，还有邓中夏、谭平山等人情况，不妨全文摘录，以备留存史料。

上海日本纱厂华工为向日本厂主要求改良待遇，被日人枪杀，各界起而援助举行巡行大示威，被英巡警开枪射击，死伤多人，详情已迭登报端。昨得青岛消息，宪兵向纱厂枪杀华工，死二人，伤数十人。广州各界接电之后莫不发指。金以日英帝国主义者今在上海青岛杀我同胞，他日可在广州残杀吾人，此为民族生死问题，故由工农商学兵五领袖团体发起群众示威大巡行，表示援助上海及反抗英日帝国主义，以图自救。于昨日在广大大学操场，召集各界大会巡行，赴会者团体八十余个，人数万余，先由筹备会推定中华全国总工会代表孙云、广东全省农民协会代表黄学曾、广州市商民协会代表甘乃光、青年军人联合会周立群、广州工人代表会代表刘公素、广州学生联合会刘克平等六人组织主席，复推黄学曾为主席团主任，下午一时开会，兹将情形略志如下。开会之情形台前悬白布横额书"反对日英帝国主义枪杀中国同胞"；台沿遍插长旗，书"日本帝国王义枪杀上海纱厂华工三名""日英协同枪杀上海巡行群众六名""青岛被日人枪杀华工二名""九江被日人枪杀华工二名""打倒日英帝国主义""收回租界""收回领事裁判权""收回外人在华设立之工厂""取回不平等条约""援助沪青浔同胞到底"等标语。十二时齐集，而尤以学生工人为多。未几，宣告开会，推举主席团黄学曾宣布开会理由。略谓今天大会的意义，是为近两周来日英帝国主义者在上海青岛地方，凡三次屠杀我同胞，此事绝非上海青岛同胞一己之事，乃吾全民族生死问题。彼帝国主义在吾中国一步紧来一步，今日可枪杀上海青岛同胞，他日又何尝不可杀到广州？须知中国未亡，吾人实已受亡国之祸，所以今天大会，一面要援助上海青岛同胞，一面要自家加紧团结，打倒日英帝国主义，不特为上海青岛被害友复仇仰亦民族自救也云云。继由全国总工会邓中夏报告情形，略谓上海日本纱厂资本家，破坏二月间与工人订立之条约，开除工人代表，不准工人立会克扣工人工资。工人起而理论，日人开枪打死工人三名，伤者无算。上海各界同胞愤不能平，起而援助，于前日（卅日）举行示威巡行，日英帝国主义调遣巡捕打死六人，重伤一十四。翌日又死七人，被捕百余。诸君同胞，中国尚未亡国，外人竟胆敢在中国开枪杀同胞，若果国亡，岂不将中国人杀绝？又青岛日人杀华工二人，九江日人杀华工二人。诸位同胞，外国人今天杀我上海同胞，明天杀我青岛九江同胞，后天不要杀我广东同胞吗？今天电报，上海已罢市，我广东市民要立即起来，援助上海同胞打倒日英帝国主义云云。继由中国国民党代表谭平山演说。略谓，各位爱国的同胞们，今天举行示威的理由，在刚才邓代表所报告的事实，诸位皆已明了毋庸兄弟再为重复报告，但是对于此次本与英国任意在中国残杀中国同胞，此等惨无人道举动，在帝国主义者的国家对付殖民地的人民殊不足稀奇，如这样事实亦不止此次，但冀今日诸君应要十分注意下列几点：（一）……孙先生在去年北伐宣言中有云……尤在推倒军阀所赖以生存之帝国主义，盖必如是然后反革命之根据，乃得永绝，中国乃能脱离次殖民地之地位，以造成自由独立之国家，这段宣言，经此次事实，更可以证明……只有联合民众向帝国主义和军阀进攻，以促成中国民族解放，舍此没有其他出路；（二）所有世界帝国主义的国家，都是一样向中国进攻，彼此无甚分别，故中国国民要打倒一般帝国主义，如此次残杀厂华工是日人，而三十日惨杀巡行群众，则是英国巡捕……次由全国总工会代表孙云，学生联合会代表刘克平，青年军人代表王一飞演说，并皆慷慨激昂，词不具录。当由主席提出四业：（一）通电，一数全国，一数本人民，一致全世界；（二）组织工农商兵学联合办事处，专门办理此事，每团体出二代表组织之；（三）各学校各团体自由组织演讲队，逐日在街上向市民讲演；（四）抵制日货英货。附表决，全场狂呼举手通过。旋由群众高呼"反对日英帝国主义枪杀中国同胞""援助上海青岛九江同胞""打倒日英帝国主义""中国民族解放万岁"等口号，遂率巡行。

巡行之情形由文德路出发，出文德路北行，经惠爱路，至中路折南行水汉路，直出长堤，西行至沙基，而桨栏街、十八甫，经太平门口出至西瓜园散队。巡行者各手执五色纸小旗，或白色大旗，上书种种标语，各团体旗学校旗互相辉映，沿途高呼口号时，则手旗纷飘，声动如雷，一种热烈气概反抗帝国主义之精神，令人感动。尤以巡行至沙面时，均停足在河外高呼口号，声冲云霄。民气如此之盛，外国帝国主义者可以休矣。

1925 年的上海"五卅惨案"在全国引起极大愤怒，全国人民对帝国主义草菅人命的做法义愤填膺，决心与帝国主义者进行坚决的斗争。

7 月 3 日，黄学增与廖仲恺、邓中夏、黄平等人受聘为中华全国总工会省港罢工委员会顾问，指导省港罢工工人的斗争①。

在 1925 年，除了在公共政治活动平台、场所黄学增积极参与、推动国民革命外，他还在民间社团方面发挥自己的组织能力，活跃在国民革命的战场。9 月 26 日，黄学增等发动雷州青年同志社联合新学生社等组成革命青年联合会，选邓颖超为主席。1924 年 8 月 7 日，黄学增与王文明于穗成立"八属（高雷钦廉琼崖罗明）各界团体联合会"，动员组织一批革命青年随军出发，到南路琼崖各地开展政治工作和群众工作。②

---

① 《中共广东区委关于省港罢工情况的报告》（1925 年 7 月），中央档案馆、广东省档案馆：《广东革命历史文件汇集》（中共广东区委文件，1921—1926 年），1982 年 10 月第 33 页，报告中虽曰"此原为应付民校起见"；但在公布的省港罢人组织系统里，顾问是为"集思广益之效"。见《工人之路》第 23 号（1925 年 7 月 17 日），第 52 页。

② 中央档案馆、广东省档案馆：《广东革命历史文件汇集》，1992 年 10 月，第 131 页。

此外，10 月 20—26 日，中国国民党广东省第一次代表会议在广州召开，选出广东省党部执行委员会，黄学增与彭湃、杨匏安、韦启瑞、刘尔崧、蔡如平等共产党员，在省党部中担负工运、农运、党务方面的工作①。在中央农民部 11 月报告中，还提到"选派黄学曾为特别委员会委员"②。这个特别委员会应该指的是国民党南路特别委员会。其实，即使在履新职的路途中，黄学增公共政治活动也是比较繁忙的。如被农民部派往江门，出席该市代表大会，监督选举市党部执行委员会委员；事后又前往开平县，"考察该县各级党部之组织及指导"③。

1925 年 1 月召开的中共四大文件曾指出："学生在目前政治运动中是重要的推动力……学生运动的最重要的目的，是怎样，由谢蔚然主席、陈志文宣布开会理由。请该校邓校长及全国总工会使学生能与工人、农民运动结合起来，使他们到工人、农民群众中宣传和帮助他们组织。"④ 要从事农民运动的黄学增在当时亦间或参与相关青年活动，向青年学子宣传国民革命："省立第一中学青年学社于昨二十日，在该校开半周年纪念会是日来宾达 10 余人，下午 1 时开会代表孙云鹏、全省农会代表黄学曾、苏南等演说……"⑤在 1926 年 1 月 20 日《广东青年》创刊号中黄学增发表

---

① 中共湛江党史研究室编：《黄学增研究史料》，广东人民出版社，1977 年，第 256—257 页。
② "农民部 1925 年 11 月报告"，《中国国民党广东省党部党务月报》第一期（1926 年 2 月），第 16 页。
③ "农民部 1925 年 12 月报告"，《中国国民党广东省党部党务月报》第一期（1926 年 2 月），第 5 页。
④ 中央档案馆：《中共中央文件选集》第一册（1921—1925），中共中央党校出版社，1982 年，第 300 页。
⑤ 《广州民国日报》1925 年 5 月 27 日。

了《怎样去做青年农民运动》一文①。

<hr />

① 中央档案馆、广东省档案馆：《广东革命历史文件汇集》（1919—1949 年，广东报刊资料选辑），1991 年 12 月，第 7 页。按，该刊由中国国民党广东省执行委员会青年部编辑，开始是月刊，后改为半月刊，通信地址为广州广仁路广东省党部青年部。刊物意义为"青年时期的思想是格外的发达而灵敏的，好似白纸一般，染于黄则黄，染于赤则赤"；"要使一般的青年对于革命的中山主义都能彻底认识、信仰、实行和应用"等而刊行。可惜的是目前只见到黄学增的篇目，不见详细文章。同期刊发的还有黄居仁、陈志文等人的文章。

第五章

投身农民运动

对于农民，黄学增是熟悉的。他心中有农民的喜怒哀乐，最关心农民的命运。

第一节　真理在胸　星火燎原

黄学增在广州读书期间，就开始接触马克思主义。他阅读了《劳动者》《广东群报》等进步书刊，接触了马克思主义的主要内容，渐渐对其主张和精神加深了认识。后来他对俄国十月革命、世界各国工人运动等有了初步认识，受到了极大的震动，产生了浓厚的兴趣。更重要的是，他在广州结识了陈独秀、李大钊、谭平山等主要革命领导者，有机会直接聆听他们的教导，耳闻目睹，受益匪浅。潜移默化之下，马克思主义理论深深地刻在他的脑海中，使他的思想不断升华、飞跃。

他先后参加了中国社会主义青年团和中共广东支部组织的马克思主义研究会、宣讲员养成所，直接受到马克思主义的哺育。

黄学增充分利用从广州回家乡的机会，在家乡宣传马克思主义，把自己在广州学到的东西和所见所闻带回家乡与家乡的青年朋友共同学习。1922 年，黄学增在家乡第六区敦文村，发起成立雷州青年同志社，当时的社员有黄广渊、黄宗寿、薛经光（薛文藻）、刘靖绪、黄成美、王树烈等人。黄学增向遂溪县第六区乐民一带的青年学生宣传革命思想，引导和组织他们开展革命活动，向他们介绍广州青年学生的革命活动，宣传俄国十月革命、五四运动和共产主义思想等。他还推荐青年们阅读马克思著作和进步书籍，传播马克思主义思想。同时，黄学增还与黄广渊、薛文藻、黄宗寿、刘靖绪、黄成美、王树烈等人商议如何秘密开展革命活动，与封建反动势力作斗争。社员们都积极参与工作，不断成长。中共二大明确指出："中国三万万农民乃是革命运动中最大因素"，"农民能和工人握手革命，那时可以保证中国革命的成功"。①

　　黄学增和家乡人在农民运动中曾密切配合，秘密开展革命活动。黄学增、黄广渊与其他革命青年曾一道联名将遂溪县第六区区长兼民团团长陈河广的劣迹控告于防军司令部，敦促防军拘押了陈河广。陈河广受到了应有的惩罚，此举获得农民好评。接着黄学增经过调查研究，首先从五区、六区、七区入手，发动农民、渔夫在敦文村召开南路第一次由共产党员主持的农民代表大会，拉开了共产党领导下的南路农民运动的序幕。

　　由于当时广东南路地区还是在反动军阀邓本殷的统治之下，通过卑劣手段获释后的陈河广，诬告黄广渊等革命青年通匪。为了生命安全，黄广渊和雷州青年同志社的成员迅速转移到广州开

---

　　① 《建党以来重要文献选编》第一册（1921—1949），第 131 页。

展活动。① 1924 年秋，黄广渊考进了广东省立工业专门学校，在此之前，与黄学增、韩盈等人在广州长塘街发起成立雷州留穗同学会，组织雷州半岛青年学生学习革命理论和开展革命活动。黄广渊在广州加入中国社会主义青年团（1925 年 1 月改称中国共产主义青年团），成为广州地区青年学生运动的积极分子。在黄学增的影响下，黄广渊进步很快。1925 年 1 月，黄广渊在广州参加了由共产党人主持、以国民党中央农民部名义主办的第三届广州农民运动讲习所，在农民运动讲习所加入了中国共产党，并以个人身份加入国民党，结业后被任命为国民党中央农民部农运特派员。同年六七月间，他由中共广东区委和共青团广东区委派回遂溪，从事农民运动和组建共产党、共青团组织。黄广渊回到遂溪之后，与韩盈一起调整了雷州青年同志社的领导机构，由韩盈任主任，黄广渊任副主任。黄广渊还在家乡海山村轮曲塘建立活动据点，秘密开展革命活动。

　　1924 年 7 月，黄学增到第一届广州农民运动讲习所学习，系统接受了农民运动的理论和开展农民运动的方法、策略。学习期间，黄学增勤奋好学，思想活跃，成绩优异。在农民运动讲习所毕业之后，黄学增担任中国国民党中央农民部特派员，被派往宝安、花县等地领导指挥农民运动。黄学增通过实践，积累了农民运动斗争经验，为以后南路农民运动的领导工作奠定了基础。黄学增在宣讲员养成所的同学刘琴西，被人称为"东江三杰"之一杰。他出生于广东紫金县，他的哥哥刘尔崧是早期广东共产党组织的领导人。他于宣讲员养成所毕业后，和普通班的同乡同学贺济邦

---

　　① 　参见《薛文藻自传》，存于广东遂溪县公安局刑事卷宗第五卷第十七册，《南路农民运动史料》，第 244 页。

一起组织成立紫金青年学社。这些同学的义举对黄学增带来积极的影响，他更坚定了革命运动的信念。①

在南路，黄学增善于发现进步青年，积极推荐他们进入黄埔军校和广东农民运动讲习所学习。这些青年不仅在思想上进一步接受了马克思主义理论教育，而且在政治、军事、农民运动等方面接受了严格的训练，并迅速成长为南路地区革命运动和农民运动的骨干力量，为南路地区大革命的顺利开展奠定了坚实基础。

真理的星火开始燎原，黄学增、黄广渊、韩盈等一起在斗争中传播马克思主义革命的种子渐渐播开了。

第二节 投身广东南路农民运动工作

1925 年 5 月 1 日，广东省第一次农民代表大会在广州召开，出席的代表有 117 人，代表 21 个县农会组织的 21 万会员。会上依次讨论通过农民自卫军组织大纲、政治问题决议案、经济问题决议案、农民协会今后进行的方针和任务、拥护革命政府宣言、广东省农民协会成立宣言等决议案。这次大会选举蔡如平、彭湃、阮啸仙、黄学增、李爱、杨其珊、罗绮园、黄雄标、苏南等人为执行委员，王军、韦启瑞、萧何源、朱观喜等人为候补委

---

① 中共湛江市委党史研究室：《中国共产党湛江历史》，中共党史出版社，2011 年，第 29 页。

员，聘请廖仲恺、谭平山为顾问。① 广东农民运动进入了一个新的历史阶段，形成了以实行减租和反抗民团压迫为主要内容的"广东农潮"。

同月，黄学增又代表广东农会，与国民党中央执行委员会会员廖仲恺，中共中央委员、国民党中央执行委员会会员谭平山及第二次全国劳动大会代表刘少奇等人一起出席广东各界举行的"五七"国耻纪念大会。到会工人、农民和军人共约2万人。上述各人相继在会上发表演说。②

为发展广东南路的农民运动，在第二次东征期间，国民政府还派部队进剿盘踞广东南路的军阀邓本殷部。中共广东区委为配合这次军事活动，成立了以黄学增为书记的南路特别委员会，③ 此前，在广东省立第一甲种工业学校读书的遂溪籍青年韩盈（中共党员）也回到南路地区。黄学增奉命从广州回到遂溪县后，便与韩盈一起开展革命工作。

10月，在黄学增的影响和指导下，南路第一个团组织中国共产主义青年团雷州特别支部（简称"团雷州特支"，代号"雷枝"）成立。当时，黄学增与当地革命青年开会，决定以中国共产主义青年团的名义成立雷州特别支部，韩盈任支部书记。广州农民运动讲习所第二届学员黄杰（海康人）、第三届学员黄广渊（遂溪人）、第四届学员苏天春（遂溪人）和黄埔军校第一期毕业生薛文藻（遂溪人）等参加。雷州特支是一个由中共党员创

---

① 《省农会职员表》，《广州民国日报》1925年5月15日。
② 中共中央党史和文献研究院编：《刘少奇年谱》（第一卷，1898—1942）增订本，中央文献出版社，2018年，第34—35页。
③ 中共中央党史研究室：《中国共产党历史》第一卷（1921—1949）上册，中共党史出版社，2011年，第139页。

建、以共青团名义出现的团支部，直属共青团广东区委领导，负责管辖雷州地区的团员和进步青年。雷州特支成立后，支部成员主要在遂溪、海康及广州湾等地活动、开展团工作，组建各地农民协会。雷州特支对南路地区的革命发展起到了重要的推动作用。

1926年2月，南征结束，广东统一，南路农民运动大有作为。3月7日，广东省农民协会南路办事处在梅菉正式成立（1926年秋迁到高州），与国民党南路特委合署办公。黄学增任南路办事处主任，韩盈任书记，委员有苏其礼、梁本荣等人。其主要职责是指导南路地区的农民运动。当时的广东南路有15个县2个市（现属广东省的有阳江县、阳春县、茂名县、信宜县、化县、廉江县、吴川县、电白县、遂溪县、海康县、徐闻县、梅菉市；现属广西壮族自治区的有合浦县、钦县、灵山县、防城县、北海市）。在黄学增的努力下，其间，南路地区农民运动得到迅猛发展，遂溪、海康、茂名等8个县级农民协会相继成立，区、乡多级农民协会如雨后春笋般遍及各地。黄学增经常到各地主持农民协会成立大会，宣传鼓动农民与反动剥削阶级进行抗争。

同时，在黄学增的积极领导下，遂溪、雷州（海康）、吴川、阳江、廉江、梅菉等地区也秘密建立中共支部，推动了农民运动的发展。为用事实讲话，他对南路及广州湾地区进行社会调查，分别考察了遂溪、海康、化县（今化州）、电白、吴川等9个县，写出了3万多字的《广东南路各县农民政治经济概况》。

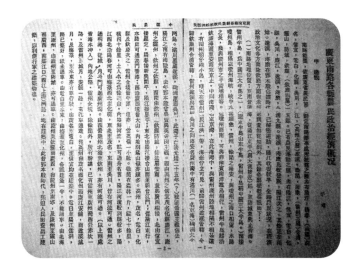

黄学增撰写的《广东南路各县农民政治经济概况》

第三节　在花县打击地主土豪

张江明、刘林松的《阮啸仙思想研究》认为："一九二三年七月八日，阮啸仙主持召开的团广州地区全体成员大会，就讨论了'农民运动问题'，并提出要开展'农村调查'。这之前，他和黄学增、彭刚侠、丘鉴志等分别到顺德、鹤山、花县、广宁的农村中进行宣传活动。组织农民夜校及平民阅报社，并特别注意从民团方面入手。"① 是年七八月间，黄学增接受党的派遣，到广州附近的

---

① 张江明、刘林松：《阮啸仙思想研究》，刘林松主编的：《阮啸仙研究》，广东人民出版社，1985 年，第 30 页。不可否认的是，确实有不少共产党员、共青团员、黄学增的战友从事农民运动。1923 年中共三八妇女节大后，为了加强对群众运动的领导，决定把原来由团领导的农民运动改由党直接领导。

花县农民协会证章

花县农村，秘密建立党组织，筹备成立农民协会。他与广东省立第一甲种工业学校的校友阮啸仙、周其鉴一起深入农村，发动农民筹备成立农会。1924年1月，中国国民党第一次全国代表大会在广州召开，第一次国共合作正式形成。

是年初寒假期间，黄学增继续到花县从事建立党组织工作，开展农民运动。4月，中共花县支部成立。支部成立后，黄学增着手在九湖、元田等地组织农民协会。

七八月间，黄学增在第一届广州农民运动讲习所毕业后，被任命为中国国民党中央农民部农民运动特派员。任命后，黄学增再次被派到花县工作，当时的花县是广东农民运动重点县份之一，中共广东区委对花县农民运动相当重视。黄学增同阮啸仙、韦启瑞等人深入农村，与党派过来的同志互相配合，协助当地农民运动骨干，发展农会组织和自卫军。10月19日，花县农民协会在九湖乡举行成立大会。成立之日，全体会员6000多人参加。会场大门口贴着"坚忍卓绝为吾人本色 牺牲奋斗是我辈精神"的对联。

此外，还邀请了贫苦农民数千人到会，农民革命运动声势大振。县农协成立后，黄学增等立即领导农民向地主土豪开展斗争，实行减租，取消"批头"剥削和各种苛例。

农民运动的兴起，打击了地主、土豪劣绅的嚣张气焰。黄学增等革命者引起了地主土豪的仇视并加以报复。大地主江锦堂、江新南等勾结县长江侠庵，发起组织了花县田土业权维持会（地主会），还成立民团，购买武器，准备向农会反扑。

为了孤立农会，他们还搞所谓"不认亲"，禁止亲戚同农会会员来往，连嫁给会员的女儿也不准返回娘家。10月底，组织起来的地主武装500余人进攻九湖乡。当时在九湖乡的农民自卫军只有60人，无法抵抗。紧急时刻，黄学增率队撤离，并把县农协办事机构迁到鱼苟庄，还决定用地主土豪控制的"猪屎会"所收的款项购买枪支，扩大自卫军，保卫农民协会。但这件事受到县农协管理财政的王锦昭阻挠，后来经查才发现王锦昭是地主会安插在县农协里面的代理人。1925年1月18日，黄学增和花县农民协会副委员长王福三带领少数农军前往风岭村抓捕王锦昭。归途中，他们被地主江锦堂带领的民团堵截，双方发生激战，王福三不幸中弹牺牲。当时农军人数比较少，为了避免损失，黄学增指挥农军向元田村撤退，在元田村群众的掩护下，他们才安全回到了鱼苟庄。等民团向鱼苟庄发起进攻时，黄学增已调集农军严阵以待，并把敌人击退，保住了花县农民协会。

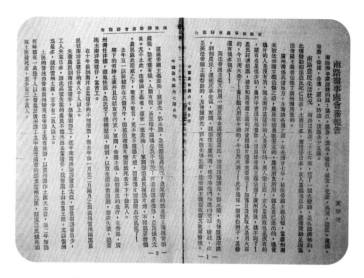

黄学增撰写的《南路办事处会务报告》

中共花县支部成立旧址——花山镇花城圩十三队3号

花县第一届农会旧址、花县农民自卫军总部、
花山镇九湖王氏大宗祠

第四节　协助广宁开展农民运动

　　西江的广宁县是一个典型的山区县。1924 年 4 月，农民运动领袖周其鉴受派遣，在广宁县成立广宁县农会筹备处。10 月，广宁县召开第一次农民代表大会，决定成立广宁县农民协会。1924 年 11 月 24 日，周其鉴在广宁农民运动中发展了一批骨干分子入党，建立了中共广宁支部，并担任书记。支部有 11 名共产党员，支部机关设在广宁县南街新楼村。当月，广宁县农民自卫军受到当地地主武装的围攻，在潭布发生了激烈战斗。黄学增受中共广东区委的派遣，前往广宁协助彭湃、周其鉴等在广宁开展农民运动，击退地主武装的进攻。1925 年初，广宁县农军与地主民团的战斗更加激烈，黄学增再次奉中共广东区委指示，前往当地了解

斗争情况，使中共广东区委能及时把握斗争时机，部署战斗。在廖仲恺和周恩来的周密协调组织下，中共广东区委派黄学增从广州押送一批弹药用船运到广宁，支援农军、铁甲车队和卫士队等。1925年5月25日，广宁县农会响应广东革命政府关于讨伐桂系军阀杨希闵、滇系军阀刘震寰叛军的号召，征得县长蔡鹤朋及驻军第三师司令莫国华的同意，派出农军100多人进驻江屯，要堵住杨刘叛军西窜之路。此地段的地主冯月庭、江耀南对此十分紧张，于是串通前县长李济源（此人仍被通缉），组织武装地主民团围攻农军。农军武器比地主武装差，加上县政府及驻军不前来援助，农军多人被杀，事称"江屯事件"。在廖仲恺的干预下，7月新成立的广州国民政府确定由中央农民部等部门派出廖仲恺、黄学增、陈公博、郑润琦、罗绮园、梁朴元等组成"广宁乱事处分委员会"，7月29日，委员会召开第一次会议，会众提出相关意见。最后广宁乱事处分委员会多方协商，才使"江屯事件"得以解决。①

1925年8月1日，省港罢工工人第七次代表大会在广州召开。大会通过了《对于广东省农民协会代表黄学增报告决议案》，声援广县农民协会及农民兄弟反抗地主残杀的斗争，表示要以全力帮助广宁农民。决议"请求政府办凶犯，撤回第三师兼撤换广宁县长，从严惩办"。②8月下旬，国民党左派领袖、中央农民部部长廖仲恺于20日被刺不幸逝世，广东国民革命中的农民

---

① 中共湛江党史研究室编：《黄学增研究史料》，广东人民出版社，1977年，第98—100页。
② 中共广宁县委党史研究室编：《中共广宁县地方史大事记》，1998年5月，第16页。《广州民国日报》1925年8月3日。

运动受到一定程度的影响。为了安抚广大民众的情绪，广宁县农民协会在潭布举行全县农民追悼廖部长大会，已在外地工作的周其鉴、陈伯忠和广东省农协代表黄学增专程到潭布参加大会。经过大会做宣传鼓动工作后，江屯地区的农协会会员情绪渐趋稳定。

广宁带洞农民协会旧址——谭公祠

第五节　在宝安建立党组织开展农民运动

1924 年 8 月，身任国民中央农民运动特派员的黄学增也被派往宝安和西江流域开展农民运动。《中国共产党广东省组织史资料》记载："1924 年下半年，中共广东区委派黄学增等人到宝安县开展农民运动，从事建党工作。"① 1925年4月，《向导》周报发表了蔡和森的评论文章《今年五一之广东农民运动》，文章写道："广东农民运动是国民党改组后实行其新政纲之一部分的产物，从去年国民党中央农民部颁行农民协会章程及设办农民运动讲习派出特派员宣实地宣传之后，广东遂溪开始了一系列的农民运动。"广东成为"全国农民运动的先导"。

中共宝安县党支部旧址（郑氏大宗祠）

4月27日，东莞霄边乡召开"东宝两县农民联欢大会"，到会代表千余人，武装农民卫军数百人，农民部特派员黄学增、龙乃武参加。会场贴满"拥护国民党""拥护革命政府""继承孙中山先生遗志　完成国民革命"等标语。黄学增发表讲话，介绍为农民运动死难的先烈事迹。

身为农民运动特派员，黄学增从事农民运动取得的成绩得到组织和同志们的肯定。一份发表于1925年5月30日的《农民部通

---

① 中共广东省委组织部、中共广东省委党史研究室、广东省档案馆：《中国共产党广东省组织党史资料》（上册），中共党史出版社，1994年，第105页。

告》中所定的特派员分级名单，其中标明一级的有：黄学增、侯凤墀、韦启瑞、苏南。① 这是对黄学增工作成绩的肯定。其间，黄学增还遵照党组织的指示，参与团广东区委工作，并被团广东区委选为候补委员。之后，黄学增在 1926 年《广东青年》创刊号上发表了文章《怎样去做青年农民运动》，总结运动经验。

1925 年 7 月中旬，黄学增在宝安建立了当地的第一个党组织中共宝安县党支部，并担任党支部书记。他在当地的四、五区（沙井、福永），又在三区（沙头角、大小梅沙、布吉、车公庙）发展了第一批中共党员。稍后，党员发展陆续扩展到一区（石洲一带）、二区（凤凰、铁岗、固戍、黄田一带）、六区（乌石岩、龙华、观澜、平湖一带）。

1925 年秋，黄学增进入中共广东区委工作，任农民运动委员会委员。1925 年底，黄学增调离宝安县，中共宝安支部由龙乃武接任书记。

1926 年 3 月，中共宝安支部改成为中共宝安县特别支部，该特支直属中共广东区委。特支机关驻在宝安县城南头关口郑氏大宗祠，书记龙乃武，组织干事郑奭南，青运干事潘寿延，工运干事陈绍芬，农运干部陈芬联，妇女干部张清元（广州人）。宝安县地下党员人数较多的蔡围屋，建立了全县第一个党小组。至 1927 年初，全县有中共党员约 100 人。1928 年 2 月 23 日，中共宝安县党员代表会议在松岗燕川村召开，到会代表 19 人。

中共宝安地方党组织在第一次国共合作期间，主要任务有：一是发展和建立农民协会，打倒土豪劣绅，废除苛捐杂税，打倒军阀等，与当时国民党的目标一致；二是改组国民党。1925 年 12

①　中国国民党五部档案，中国社会科学院近代史研究所档案馆藏。

月 27 日成立的中国国民党宝安县党部，就是在共产党员黄学增等人推动下成立的。共产党员郑奭南、潘寿延、陈绍芬当选为国民党宝安县党部常务委员。

在中共党组织的推动下，宝安 7 个区有 6 个区建立了农民协会，94 个乡建立了乡农民协会，有会员 13759 人。1926 年上半年，宝安县农民协会成立，是当时广东 23 个成立县级农民协会的县份之一。

同时，县、区、乡各级协会均建立 30—50 人的农民自卫军。1925 年夏至 1926 年春，县长梁树熊勾结驻防军支持土豪劣绅恢复联团，向百姓摊派各种苛捐杂税，引起极大民愤。

黄学增在宝安期间，积极发动群众参与省港大罢工，动员工人封锁香港；领导农民自卫军配合铁甲车队强化军事行动；组织人力转移从香港返回广州的罢工工人。中共宝安党组织如利剑出鞘，起到了领导和组织的作用。

1926 年 11 月，阳春县、合浦县、电白县、吴川县、廉江县、化县、信宜县、梅菉县、防城县等县支部，国民党党员人数达 20316 人。① 会议期间，大会主席黄学增先后作了《工人运动报告》《农民运动报告》，并汇报了程赓事件的经过。②

---

① 《中国国民党广东省组织部一年来工作报告》，见《杨匏安文集》编辑组编：《杨匏安文集》，广东人民出版社，1986 年，第 163—168 页。

② 分别见《广州民国日报》1926 年 9 月 18 日的《南路党部代表大会之第一日》、9 月 21 日的《南路党部代表大会之第二日》、9 月 23 日的《南路代表大会之第三日》及《南路代表大会之第四日》。

宝安县农协会成立时合影

宝安县第五区农民自卫军军旗

| 第六章

风云莫测　出生入死

　　明知天有不测风云，明知虎狼当道，偏要虎山行，做打虎英雄。

第一节　黄学增遇险记

　　大革命时期，中国风云变幻，世事难料，黄学增参加革命活动，始终坚守信念，出生入死，毫不畏惧。他的经历总是险象迭生。他如雄鹰搏击长空，任何闪电雷鸣、乌云暴风都是振翅翱翔。在参加革命的过程中，思想受到革命烈火的冶炼，经受了各种极其严峻的考验。

　　1925年1月，黄学增在花县率领农民军与当地劣绅斗争，遭到伏击，险些被害。3月，孙中山先生于北京病逝，不久，广东人民举行隆重的追悼大会。黄学增作为农会代表发言，主题是"为平民谋利益"。他说："中山先生虽死，但他的主义是永远存在世界，他的主义是为平民谋利益的，他也因此奋斗而死了。吾们农民要一致团结起来，拥护为民族革命而奋斗的国民党。"① 可见，"为平民谋利益"是黄学增追求的崇尚伟大的信念，他时刻坚守于内心之中。

黄学增在革命的危急关头，思想、信念、意志十分坚强。为了革命，为了农民的利益，他早已把生死置之度外。在与土豪劣绅的决战中，曾 10 次遇险，他都机智勇敢地冲过去。1925 年 6 月 27 日遇险却是他难以忘怀的。

下面是黄学增写给罗绮园的信。②

罗绮园同志：

六月廿五日，我刚才广州到梅菉，因为雷州方面党务及农运工作，须我去指导，故于廿七日又从梅菉起程赴雷州。本来从梅菉赴雷州，经过广州湾路程较近且易行，但广州湾法帝国主义及其走狗，一班反革命派极痛恨我，每想伺而食之！不得已，是日从梅菉绕道吴川，决定从吴川之黄坡、龙头岭、企坎，直趋遂溪之新埠以入麻章，出安铺而抵雷城。刚到龙头岭附近路上，约下午三点钟，即被土匪二名，年约廿，一匪且多持曲尺一支，向我行劫。掳我到匪巢去，以为我是机关中人，且是吴川第四区人，要将我枪毙！

该处土匪最痛恨的是机关中人，无论是军队中人也好，衙门中人也好，党部中人也好，农民协会中人也好，凡遇着都要杀。因为军队、衙门、党部、农民协会中人，都是主张打土匪的，而农民协会更是与土匪势不两立。至于吴川人，特别是吴川第四区人，

① 《广州民国日报》1925 年 4 月 14 日。
② 《梨头》1925 年第 11 期，第 290 页。

被土匪拿获，都遭格杀勿论。日来在路上被土匪杀死的不分老幼男女已有许多人，因为凡是吴川人特别是吴川第四区人，都是直接与土匪冲突，故遭土匪如此痛恨。

当时被掳，除我之外，尚有二名挑夫，挑着党部及农民协会许多宣传品、文件等类及些少行李，亦被掳去。我一路跟着土匪行，便一路想计。我想如果承认是机关中人，当然是不得了，但许多物件，都足以证明我是机关中人，诡称是学界，初我还想诡称是学生，该匪必以为学生系有钱人，虽一时不致死，必被掳至匪巢，终归要死。或者侥幸不死，最低限亦须巨款吊赎，因此诡称是当教员——一是在遂溪城高小学校当教员，并说明我不是机关中人，不是吴川人，是遂溪人，以及当教员之苦楚。我的说话是：（一）我如果是机关中人，必有军警或民团护送，无此轻身与步行之理；（二）我如果是吴川人，必知道此路，有你们大哥，不敢向此路来；（三）我的说话并非吴川话。

该匪以我所说的，尚属有理，且看到我的胆子非常壮足，一路行一路与他谈笑，于是掳到大路地方即停止，喝令挑夫打开箱笼等件，给他搜索。当时，该匪杰出各项印信文件、证件、纪念章，舟车免费证及我的咭片，即当我是机关中人，但经我再三诡辩，以上各项均是学校内用的，均是友人从广州代购寄到梅菉，令我从梅菉带到遂溪学校使用，他才放过我，只抢去银两（卅元）、手表、衣服及国民党代表大会纪念章一枚，省农会第二次全省农民代表纪念章一枚；中央党部职员证章一枚，即放我回来。该匪尚讲些义气，以我去遂溪途尚远，给豪银一元六毫，衣服一套，并给二元于挑夫作酬劳费，才呼啸而去。

此层险关既过，我即从容去龙头岭，到龙头时，天已将黑，暂入该处禁区就宿到夜深十二时，又有小班土匪来打劫。当时我正从酣睡醒觉，虽有土匪再来，心胸却非常镇定，走上禁区屋面，协同警兵民团开枪抵抗土匪。计该处禁区有警兵八名，保卫团廿名。土匪因为自己力量薄弱，禁区人带我去企坎雇帆船入遂溪，至是得脱。

本来此次经吴川之龙头岭一路在梅菉早已知道有土匪的，不过为着党和农民利益，不得不去，而且一个真正的革命党人，时时是准备牺牲的，故大胆地绝不畏惧，从此路去，以致被匪掳劫。我回想自己实际做农民运动以来，破土豪劣绅土匪及一切反革命派之劫杀大小已几十次，其所遇算是此次与去年花县一月十八日之役为尤险。此算农民运动中一件极堪纪念的事情也。

一九二五年六月廿八日于雷州

黄学增

第二节　培养党员干部和农民运动骨干

黄学增在广州和南路积极举办各种训练班，培养干部。他先后举办了梅菉市宣传学校、雷州宣传讲习所、雷城工农实习班、高州农民干部训练学校等，让一批农民、工人、知识青年的骨干分子受到革命思想和理论的教育；并选派骨干到革命运动的第一线去参加实践和锻炼，条件成熟的即吸收入党，以壮大党的组织。他还充分利用各种协会、群众团体和组织，物色和吸收党员，并选派优秀的党员干部到边远地区开展农民运动。

除外，在南路工作期间，黄学增还积极利用国共合作的有利条件，采用选送进步青年到广州农民运动讲习所、黄埔军校学习，为各县培训了一批建党人才和农民运动骨干。他在一些重点县、市挑选在斗争中表现出色的农民运动积极分子加入中国共产党，秘密建立中共支部或党小组，发展中共组织。如黄学增把共产党党员薛文藻、陈克醒、杨枝水、钟竹筠等，安排在国民党南路特别委员会和广东省民南路办事处，分别负责党务、农运、宣传、妇女等方面的工作；共产党员朱也赤也被黄学增委任为茂名县农协筹备处主任兼国民党茂名县党部宣传干事。遂溪、海康、廉江、阳江、吴川、化县、电白、信宜、北海市郊等县市的农协筹备工作，也都由共产党员黄广渊、黄杰渊、周永杰、谭作舟、陈信材、卢宝炫、邵贞昌、苏其礼、梁本荣、江刺横等负责。南路农民运动工作的最高领导机构——广东省农民协会南路办事处的成员：主任黄学增，书记韩盈，委员苏其礼、梁本荣（后）也都是共产党员。随着党员队伍的壮大和各地党组织的建立，黄学增认为，为了适应广东南路革命运动蓬勃发展的需要，要在党组织发展较快、党员队伍较强大的县建立地方党委，实行集体领导。1926年10月，在黄学增的指导下，遂溪成立了由韩盈等12人组成的中共遂溪县部委。

1927年1月，应中共广东区委决议，区党委决定成立中共广东南路地方委员会，黄学增任书记。中共广东南路地方委员会成立后，南路地区的党组织又有了新的发展，党领导下的团组织和农会、农军、工会、工团军等也得到进一步发展。党员队伍的壮大和党组织的普遍建立为广东南路农民运动的发展提供了坚实的组织保证。1928年4月，琼崖暴动受挫后，海南党组织和革命力量遭到严重破坏，黄学增受任于危难之际，以中共广东省委巡视员身份前往海南领导当地党组织的恢复和重建工作，不久改任琼崖特委书记。在海南期间，他先后整顿党组织和建立苏维埃政府，继续领导和开展武装斗争，动摇了国民党反动派在琼崖的统治。

第三节　南路农民运动的蓬勃发展

1925年12月15日，雷州青年同志社公开发表对雷州善后工作的宣言。[①]

邓逆本殷，自盘踞雷州以来，给予雷民之痛苦，如迫种鸦片，包庇烟赌，勒捐军饷，私铸假银，巧设人头税及各种苛捐杂税，纵兵奸淫抢掠及强占民房，种种事实，罄竹难书，雷民何辜，遭此蹂躏！遂致耕者不给食，织者不给衣，民穷财尽，生计日非。酿成哀鸿遍野，盗匪充斥，甚至因此流离失所，转死沟壑者，二十万人，言念及此，痛心靡既！洒者国民革命军南，一呼而南路各属次第克复，邓逆之命运于以短促，雷民之痛苦，至此可告一结。然而国民革命军此次南征，不惟在驱除邓逆一人，尤以在驱除邓之后，永无与邓逆同样之继起者，雷民急切之要求，亦尽在于此。所以此后对于邓逆之一切恶政，务须根本取消，对手地方之一切建设，务须站在人民利益上面；同时并要灌输以孙总理之三民主义，以冀雷民之彻底觉悟，履行国民党政纲之对内政策，以致雷民之生活满慰，此不惟表现南征之意义，抑亦巩固

---

① 《中国农民》第六、第七期合刊，1925年12月15日，第74页。

革命之根基。本社本爱国爱乡之心，谨代表雷州一般民众提出以下最底的要求：

1. 铲除贪官污吏、劣绅土豪；2. 肃清散兵土匪。民众提出如下最底的要求：（1）铲除贪官污吏、劣绅土豪；（2）肃清散兵土匪；（3）废除苛捐杂税；（4）严禁烟赌；（5）救济失业农民；（6）扶助工农团体之发展；（7）保护青年之一切利益；（8）改良盐务；（9）振兴实业；（10）整顿教育；（11）提倡女权。

雷州青年同志社宗旨是代表广大贫苦民众的利益，与地主阶层作斗争。遂溪部分地主豪绅群体随即组织雷州革命同志社，与雷州青年同志社互相争斗。1926年，国民党广东省党部决议将雷州革命同志社解散。雷州青年同志社也完成了自己的历史使命，它在雷州乡村孕育了革命种子，成为南路农民运动工作的后备力量。

1926年1月4日，黄学增与宋庆龄等9人，以国民党广东省党部代表的资格出席在广州召开的国民党第二次全体代表大会。黄学增和毛泽东被选为大会提案审查委员会委员，毛泽东负责审查宣传提案，黄学增负责审查农民提案，随后黄学增又被推选主持农民运动决议案的审定工作。黄学增不仅被选为大会提案审查委员会委员，还在大会上发言，提议营救工人领袖刘少奇，呼吁各界支持工人运动。不久，刘少奇获释。①

3月7日，广东省农民协会南路办事处在梅箓正式成立，与国民党南路特委合署办公，秋季迁往高州。黄学增任南路办事处主

---

① 《中国国民党第二次全国代表大会会刊》，见《南路风云》，1981年12月，第6页。

任，韩盈任书记，委员有苏其礼、梁本荣（后）等人。南路办事处旨在指导南路地区的农民运动。是时，广东南路有 15 个县 2 个市（现属广东省的有阳江县、阳春县、茂名市）发起斗争。南路办事处发动茂名县 1 万多名农民行动起来，反抗地主恶霸杨老二，破坏其开设在高州城内垄断粪便销售、残酷剥削农民的"大利公司"。

黄学增在南路十分重视沉重打击地主土豪和反动民团的破坏活动。1926 年 4 月间，海康县第四区肇榄乡大地主卓子藩钻进了农会，窃取了区农协候补委员和农协委员长职务。黄学增即以南路办事处名义发布命令，举其罪恶，指出他为大地主，大肆剥削农民的事实，并宣布免去卓子藩本兼各职，不准列名会籍。接着，又发生电白县黉花乡民团团董李公录破坏农民运动的事件。黄学增立即知会电白县署，把李公录逮捕法办，并乘势裁撤了第三区赛花、文山、儒弓、牛眠、福般岭等乡的民团，惩办部分不法团董，收缴区团保局公款公枪，全部拨归第三区农民协会，用于在各乡建立农民自卫军。电白县地主土豪反扑，捣毁农会、吊打农民、焚烧农会，再次出现勒收谷捐之事，还秘密组织"八堡会"，勾结反动势力，扬言"捕灭农民协会，使农民协会永不发现于电白境内"。黄学增深入电白，调查研究，写出《为电白农民求救》一文，把地主、土豪劣绅破坏农会的罪行公之于世，提出严惩土豪劣绅，解散不法民团，取缔一切苛捐杂税，取缔"八堡会"等严正强烈的要求。广东省农民协会也发表通电，有力地支持南路农民斗争。

此时，南路办事处领导的南路各县农民运动已进入了蓬勃发展时期。1926 年春夏间，秘密建立了阳江、吴川、梅菉、廉江、遂溪、海康等县市党支部或党小组，壮大党的力量。他充分利用国共合作的机遇，通过多种方式和各种渠道，把党的干部安排到南路相关机构和群众团体中负责重要工作，扩大中共党组织的话语权。其中派遣江刺横到北海市郊开展工运和建党活动；派遣钟竹筠到东兴开展农民运动和建党活动；派遣苏其礼到合浦开展农民运动工作。他还在高州、雷州、防城等地举办补习班、学校、讲习所等，培训农民干部。据 1926 年 7 月底统计，南路各县（缺合浦、钦县、防城、灵山、北海的数据）农会会员已从年初的 9000 人左右，发展到 5 万人左右。其中遂溪县从原来的 2800 人发展到 28000 人。到 1927 年年初，南路大多县份都成立了县一级农民协会或筹备处，整个南路农民会会员人数超过 10 万人。

1926 年年底，以陈独秀为代表的右倾投降主义继续发展，国民党右派反革命活动越来越猖狂，关于统一战线领导权问题的争论也激烈起来。12 月 23 日，黄学增在《高州民国日报》副刊"高潮"上发表《读了宫俊先生国民党和共产党的关系以后》一文，以共产党人光明磊落的态度，论述了与当时革命现实密切相关的三个严肃的理论问题：共产主义与无政府主义的根本区别；共产党同国民党合作的条件和共产党在国民革命中的地位。文章指出："共产党是本着马克思科学的共产主义，依据共产主义实现的步骤，以达到共产主义的目的的"，而无政府主义"反对阶级斗争，并反对无产阶级专政"，"主张用道德去感化资产阶级，使其抛弃压迫无产的特权，同趋于平等地位"，这与共产主义毫无共同之处。

1927 年"四一五"反革命政变后，南路办事处工作终止。在一年多的时间里，南路办事处的主要工作有四点：一是着力规范农民协会；二是指导农民协会成立；三是扶植农民运动发展；四是打击劣绅土豪民团对农民运动的破坏等。在南路办事处管辖

1927 年黄学增任主编的《高州民国日报》

（高州档案馆藏）0039

的范围内遇到困难和纠纷，出了问题，办事处即前往调研指导解决和处理。如遂溪县第六区农民出现违反规定章程、干涉行政及种种非法行为，办事处闻讯后，即前去提出严重训诫，以维持宗旨。

第七章

在南路布下天罗地网

敌人狡猾凶残，必须严布天罗地网。

第一节 南路地区之党、团组建

1921 年 7 月，中国共产党第一次全国人民代表大会在上海召开，标志着中国共产党正式成立。1921—1924 年，中国共产党刚刚成立，属于初步发展阶段。全国各地的党组织开始逐步建立、健全。广东共产党早期组织作为中国共产党在国内最早建立的 6 个地方组织之一，于 1922 年经中共中央决定，将广东支部扩大为广东区执行委员会，才逐步发展为定型的党组织。

1924 年 11 月，国民党中央农民部派遣已在广州农民运动讲习所结业的黄杰、陈均达回海康秘密开展农民运动。国民党中央农民部主要负责人是跨党党员林祖涵（林伯渠，部长）与彭湃（秘书）。这期间，黄杰、陈均达是积极分子。他们首先在第一、四、六区的 41 个乡组织农民协会。

1924 年下半年，从广州农民运动讲习所毕业的黄学增、龙乃武等人被中共广东区委派至宝安县开展农民运动，并积极从事建党工作。但因根基不牢，公开建立的共产党组织容易遭到豪绅地主的干扰、破坏，因此，当时黄学增、龙乃武是以国民党中央农民部特派员的身份开展活动的。起初，他们在四区、五区一带开展工作，先与各村土绅搞好关系，介绍其优秀分子加入国民党，成立国民党乡区分部，建立一定的群众基础，然后从中吸收先进分子发展为中共党员。1925 年上半年，三区也发展了一批党员，二区、一区、六区也发展了新党员。年底，基本覆盖了整个深圳地区，建立了 11 个党小组。

1925 年 6—7 月，韩盈受共产主义青年团广东区委的派遣回到了雷州，秘密活动在遂溪第六区乐民一带。9 月，广东国民政府为了实现全省军政、民政、财政的统一，巩固国民政府，发展国民革命，作出了再次东征军阀陈炯明和南讨邓本殷的决定。在南征大军出发之前，中共广东区委派遣大批共产党员、共青团员分赴南路发动群众，配合南征大军工作。此时，黄学增与王文明联合在广州成立"广东高雷罗阳钦廉琼崖八属旅省革命联合会"，动员组织一批革命青年随军出发，到南路、琼崖各地开展政治工作和群众工作。

众多党团员返回雷州半岛，使雷州半岛的党团建设得以顺利加速发展。为了配合国民革命军光复雷州地区，薛文藻被广东国民革命军第四军党代表、共产党员罗汉派遣返回雷州，而农民运动讲习所第四届学员苏天春以农民部见习员的身份亦回到雷州地区，他们同黄广渊和韩盈等中共党员一道在雷州半岛一带秘密活动。同年 9 月，黄学增秘密返回遂溪，协助韩盈、黄广渊、苏天春成立了雷州青年同志社乐民分社，韩盈、黄广渊、薛文藻、苏天春组织成立了中国共产主义青年团雷州特别支部，书记是韩盈。

中国共产主义青年团原为中国社会主义青年团，1920 年 8 月在上海发起，1925 年团"三大"改名为中国共产主义青年团。广东社会主义青年团于 1922 年 3 月改组成立，当时广东社会主义青年团执行委员会选举谭平山任书记，王寒烬、潘兆銮为劳动运动委员会正副委员长，陈公博、谭植棠为学生运动委员会正副委员长，王觉群、崔炜为农民运动委员会正副委员长，谢英伯、郑翘璧为妇女运动委员会正副委员长，余韶、王仁熙为军人运动委员会正副委员长，何寿英、邵作柏为政治宣传委员会正副委员长，陈俊生、李赓诗为社会教育委员会正副委员长。①

当时在广东，共产党与共青团是两套系统，中共广东区委与团广东区委两者的组织结构和人员都不同。1925 年 11 月 30 日，团雷州特支发"关于第二次临时会议情况报告"给团广东区委，指出"决议：请区委转 C.P 平山同志从速指派专责组织者来"。

1926 年 1 月 25 日，雷州特支向团中央和团广东区委请示关于雷州特支分设的问题，建议雷州特支分为两个支部：一个在遂溪城，一个在雷州城。同年 4 月，团雷州特支关于特支分设的请示获准。于是中国共产主义青年团遂溪县支部（代号"遂枝"）② 和中国共产主义青年团海康县支部（代号"雷枝"）③ 正式成立。遂溪

---

① 参阅中央档案馆、广东省档案馆：《广东革命历史文件汇集》（群团文件）（1922—1924）；中共广州市委党史研究室：《广州党史资料》第 2 辑。

② 中共湛江市委党史研究室编：《中共广东南路党史大事记》，广东人民出版社，1996 年，第 11 页。

③ 中共湛江市委党史研究室编：《中共广东南路党史大事记》，广东人民出版社，1996 年，第 16 页。

县支部书记黄广渊，海康县支部书记陈荣位。是月，雷枝共有团员25人。6月，海康支部因陈荣位工作退任，改由邓柏垣担任书记。1926年10月，中共遂溪县部委员会成立，韩盈、黄广渊、钟竹筠、陈光礼、邓成球、颜卓、周纪、何云瑞、陈均达、刘坚、薛文藻、薛经辉等12人为委员，韩盈任书记，县委机关设于遂溪城城隍庙。

黄学增等人回到北部湾，大力支持了北部湾党团建设，包括国民党的党组织建设。中国国民党广东省南路特别委员会成员随国民革命军南征来到南路，办公地点在梅菉。主席潘兆銮（中共党员），委员黄学增、彭刚侠（中共党员）、林丛郁（林增华，中共党员）、谭竹山（中共党员）、朱曼、吴武祥、许庆之等。[1] 后来，南路特别委员会由黄学增、林丛郁主持，韩盈、钟竹筠、薛文藻、杨枝水、陈克醒等分工负责党务、农运、宣传、妇女等方面的工作。1925年年底，在梅菉、电白、阳春、吴川、信宜、廉江、遂溪、海康、茂名、徐闻等10个县市设置国民党党部筹备处。1926年1月，成立国民党党部的有化县、阳春、电白、阳江、茂名等县。

1926年1月，广东省农民协会在全省区域内设立6个办事处。3月，南路办事处设在广东南路之梅菉，管辖15个县，主任是黄学增。黄学增也是中共广东区委南路特派员，其任务是主持南路农民运动。1926年年初，黄学增吸收陈信材（陈柱）入党，随后派他到梅菉市开展工人运动和建党活动。陈信材是黄学增在广宁从事农民运动时相识的。同年初，因吴川开展农民运动和建党活动的需要，黄学增又派陈信材到吴川。1926年3月，中共吴川县

---

① 中共湛江市委党史研究室编：《中共南路党史大事记》，广东人民出版社，1996年，第14页。

支部成立于当时的吴川县城黄坡镇。这个支部有 3 个党小组，分别下设在振文、黄坡、石门，有党员 100 多人。黄坡镇位于吴川市西南部，鉴江出海口西岸，濒临南海。民国时期，原吴川县政府曾三度迁此。同年 3 月，中共梅菉市支部成立，驻地梅菉营盘街，书记陈时，任期是 1926 年春季至冬季。1926 年冬，这个支部改为特别支部，有党员 20 多名。营盘街同时是国民党南路特委办事处、农协南路办事处所在地。同样在 1926 年 3 月，共产党党员、遂溪人周永杰也受黄学增的派遣来到廉江开展农民运动和建党活动。在活动中，周永杰寻找信仰坚定的积极分子发展为党员。4 月中旬，中共廉江县支部在城西回龙寺成立，周永杰任书记，党员有吴绍珍、关泽恩等 10 余人，其中罗慕平任共青团书记。

黄学增为农民的切身利益鼓与呼。1926 年 6 月 12—13 日，电白第八区蛋场农民协会被土豪蔡仁卿率领团队破坏，捕去执行委员蔡韦吕等 5 人。6 月 28 日，第三区儒芋乡农民协会被第三区民团局游击队队长赖树勋率团兵 30 余人围攻，捕去执行委员陈光良并绝以粮食和加以酷刑，击伤会员 4 人，所有农家均被抢劫一空。对于地主土豪对农会的破坏围攻，黄学增愤怒至极，撰写《为电白农民求救》揭露他们的罪行。他愤怒地写到：国民党的政纲，不是扶助农民吗？革命政府对农民运动第一次第二次宣言与迭次通令，不是给予农民以组织农民协会，组织农民自卫军之自由，并保护农民的利益吗？……奈何两个月来电白的地方长官绝不惩戒或制止土豪劣绅地主们此种不法行为？农民的哭声已震动了全电白县，也许冲到他们衙门去了，难道他们还听不到？或者是和土豪劣绅地主们一样异口同声说"农民该杀了"罢了[1]。

至1927年的"四一五"反革命政变前夕，廉江建立25个党支部，党员350人；共青团支部有22个，团员320人。廉江县早在1925年，委任邑人李任杰、梁李模等为国民党县部筹备员，12月成立国民党县党部筹备处。1926年5月，李任杰与周永杰就任改组委员，正式成立廉江县国民党县党部。

1927年1月，中共广东南路地委成立，机关驻在高州。管辖南路各县市的中共组织。黄学增为书记，韩盈、梁本荣、杨枝水为委员。[2]"四一五"反革命政变后，中共广东区委将黄学增调往西江主持党的工作，广东南路各县党组织负责人于1927年5月召开南路农民代表会议，成立了广东南路农民革命委员会，继续领导南路人民与国民党顽固派进行武装斗争。

南路各地党员及基层党组织的情况。黄学增在1926年三四月间撰写了《广东南路各县农民政治经济概况》中，有一节专述"南路农民运动之状况"："广东南路在邓本殷盘踞时代，已由农民部派遣特派员黄杰、陈材干、黄广渊等，在雷州方面秘密运动。革命军南下，首先派遣何毅、欧赤等同志，在阳江方面运动；苏其礼、王会东、廖华卓、敖华衮等在钦廉方面运动。其次派遣卢宝炫在化县方面运动；刘坚、冯振腾等在雷州方面运动；吴锋（铎）民、冯年同志在阳江方面运动；廉江方面受雷州之影响，电白方面受阳江及梅箓南路办事处设立之影响，各该县党部自起运动了；

---

① 中共湛江市委党史研究室编：《黄学增研究史料》，广东人民出版社，1997年，第86页。

② 中共中央组织部、中共中央党史研究室、中央档案馆：《中国共产党组织史资料》第一卷（党的创建和大革命时期）（1921年7月—1997年7月），中共党史出版社，2000年，第601页。

信宜方面由梁本荣去做运动农民的工作。"① 从中可见黄学增在南路各县发展党团基层组织的部署。

第二节 淡水沟——秘密联络站

屈康慧的论文《黄学增在广州湾的活动》详述了黄学增在东海岛淡水沟村发展共产党员的过程。

黄学增任广东省农民协会南路办事处主任时，经常从梅菉出发，前往南路各地，途中常有土匪出没。广州湾当局的法国兵警也在坡头圩建炮楼，设关卡，随时搜查来往行人，对革命者危害很大。从梅菉走水路过海到赤坎，然后前往遂溪、海康等县，是黄学增主要的出行路线，而南二淡水沟也成了主要联络站。南二淡水沟村原属吴川县第十区，法国强租广州湾后，将其划归租界管辖，为法军东营属地。淡水沟村处于一个孤岛的东南部，人口多耕地少，渔民、农民杂居，土地贫瘠，且受法帝国主义与地主阶级的双重压迫和剥削，群众生活贫苦，革命的愿望迫切。

1926年4月11日，黄学增、陈信材从梅菉乘船往广州湾赤坎，因遇台风滞留南二淡水沟村。当时正好中共吴川县黄坡党组织负责人李子安、振文乡党组织负责人彭成贵在南二淡水沟活动，他们安排黄学增等人住到李葵泉家。黄学增借机考察了淡水沟沙城、青山、沙环、烟楼、坡塘等附近村庄的民情社况。黄学增认为该地群众受法帝国主义和封建渔主（把头）的双重压迫，生活极

---

① 《中国农民》第四、第五期合刊。

为贫困，改变现状的要求强烈，革命热情高，群众基础好，且地处孤岛，黄学增决定把淡水沟变成内地至广州湾的秘密联络站，吸收李葵泉、李荣泰、李瑞春等人参加革命工作。从此，李葵泉等人积极投身国民革命运动，在做好交通枢纽工作的同时，向群众宣传革命道理，宣传马克思主义，发动群众起来闹革命，在斗争中经受了考验。4月25日，李子安、李葵泉、李荣泰、李瑞春等人到梅箓向黄学增汇报工作的开展情况。经李子安介绍，黄学增、陈信材主持吸收李葵泉、李瑞春、李荣泰加入中国共产党，继而介绍了沙城村的陈庆桃等加入了共产党，并成立中共南二淡水沟党小组，组长李葵泉，副组长李瑞春。6月，李葵泉、李瑞春等发展了淡水沟村的冯福元、梁辑伍、李荣太、钟炳南，烟楼村的张四、沙干渗（花名），沙千咀村的杨光雨，坡头圩的卢裕生等8人加入党组织。黄学增听取了党小组的情况汇报，正式批准这8位同志为中共党员，并决定成立南二淡水沟支部，李葵泉为党支部书记，由黄学增直接领导。此时，南二的沙城、田启、淡水沟、梁圩、烟楼、青山西村、东村、大仁堂、坡塘等村庄都有党小组在活动。黄学增在南二淡水沟村播下的革命种子，开始生根发芽。革命力量在法国租借地广州湾立足发展。

今人在寻找黄学增的事迹时，发现李葵泉在东海岛有一本《李葵泉手册》6页影印件。记录黄学增在广州湾一带发展共产党员的史实，十分珍贵。因尘封几十年，散失不少，目前只找到的6页中，记录了30多名淡水党员名单。可见，黄学增深入租借地广州湾发展共产党员，其工作是何等的细致、艰苦。在共产党的领导下，南二地区的国民革命运动迅猛发展，各村相继成立了渔民协会和农民协会，开展减租减息、反捐税等斗争。

1926年12月，根据中共吴川县支部的指示，成立了南二淡水沟村农民自卫队。与此同时，淡水沟交通联络站也有较大发展，相继在吴川梅菉陈家祠、新屋仔村和南三的莫村、北头寮、新沟村、田头圩等地建立了交通站，由支部书记李葵泉全面领导。淡水沟村交通联络站还在渔民协会中成立了渡海交通队，主要是渡运来往吴川、南三、广州湾等地的革命同志，如有敌人来进攻，就掩护他们到安全的海面或地方去，其中南三的渡海交通队有队员20多人，并配有专门的船只作为交通工具。渔民协会和农民自

民国十八年十二月八日手册

卫队相互配合，使南二淡水沟村形成了一个水路交通联络网，将吴川、南三、南坡头等地连成一片，共产党员、革命者从内地到广州湾通行无阻，为加强党对南路的领导提供了有利条件。

1927年4月，蒋介石发动反革命政变，屠杀共产党员和革命群众，南路也处于"白色恐怖"之中。南二淡水沟村联络站担负起掩护、转移革命同志的重任。高州六属（茂名、电白、信宜、廉江、化县、吴川）的党员如李大芬、李玉轩、麦子兴、彭成贵、李石波、潘雄才等人，都经南二淡水沟村联络站撤退隐蔽。

1927年3月13日，广东省农民协会召开第二届执行委员会第二次扩大会议，黄学增出席会议并担任大会秘书长。会后，黄学增接受广东区党委的派遣，前往西江地区领导革命武装暴动。此后，黄学增离开了南路，离开了广州湾。

1927年夏，黄学增被任命为中共广东省委西江巡视员、中共

西江特委书记，负责通过地方党组织，发动夏收暴动。在他的领导下，组织了300多人的武装暴动队伍。7月16日，高要县领村暴动爆发。黄学增指挥农军同反动军队、民团激战三日四夜，因敌众我寡，不能取胜，黄学增率部向广宁方向转移。

第三节　心系钦廉四属

黄学增是早期南路革命运动的领导者，广西南路革命也是在他精心策划统筹和领导下不断发展的。广西南路，特指广东南路十五县二市之中（今划归广西管辖的合浦县、钦州县、灵山县、防城县和北海市）。广西南路革命是整个南路革命有机整体的组成部分，黄学增当之无愧是广西南路革命的重要领导人，为之培养骨干，授之以渔。早期的广西南路地区远离中心城市广州，属于偏远地区，缺乏农民运动干部，农民运动十分沉寂。为了解决这一问题，打破这个局面，黄学增在建立中共南路组织之后，采取各种措施为广西南路革命培养骨干人才，发展广西南路革命势力。黄学增还亲自到广西北海、合浦等地开展革命运动。

地处北部湾沿海的北海是民国时期钦廉地区一个很重要的城市，由于它面临港澳，背靠粤西南，地理位置优越，资源丰富，鸦片战争后即为英法等西方工业强国垂涎。1877年开埠通商后，英、法、德等国先后在北海设立领事馆、海关，建立医院、教堂等，开办造船厂、轮船公司、电机公司、发电厂等。广东三水人梁鸿勋著《北海杂录》有载："大德国领事府署北海领事官兼理海口领事官法时敏。大法国领事府，现年副领事官始为陆公德，继为施备，该领事兼理东兴理事及北海法学校、法医院事，又代理在北海之葡国商务。大英领事府及代理奥国、美国领事署员，现年代理始为毕尔逊，继为根卓之，仍归驻海口之英领事节制。"《北海史稿汇纂》记载有："法国天主堂。先是在东泰街买地建屋，嗣于光绪七年（1881年）迁建于广西行后背。奉传天主教英国普仁医院，内有宣福音一所。其新教堂，即在医院旁之余地建筑，现年十一月落基石，下年定可落成。该堂奉传耶稣教……德国教堂，建于光绪二十六年（1900年）。为德教会又名长老会所设，有德教士常驻此。奉传耶稣教。"可见，北海是北部湾沿海地区一个受西方文化影响较大的港口城市。在新文化运动和五四运动浪潮的推动下，包括钟竹筠在内的一批北海学生纷纷阅读进步书刊探求革命思想，为北海地方党组织的建立打下良好的思想基础。

1926年，时任广东省农民协会南路办事处主任、中共广东南路特派员黄学增针对北海的情况，从廉江等地抽调共产党员江刺横、李雄飞、简毅等到北海开展工作。他指示江刺横等人一方面联合国民党左派筹建国民党北海市党部，另一方面积极开展工农运动，筹建北海共产党组织和共青团组织。江刺横一行到北海后，深入农渔村、海岛传播马克思主义，为北海党组织的建立做思想准备。与此同时，积极开展工农运动培养和教育工农运动中的积极分子，发展共产党党员和共青团团员，先后发展了工人运动积极分子钟辉廉、潘铁汉和青年运动积极分子潘国鼎等人入党、入团；一批初步具有共产主义思想的知识分子，在学习和宣传马克思主义并深入工人群众的过程中，在参加反帝反军阀的实际斗争中一步步地成长起来，为北海党组织的建立准备了干部力量。随着工农运动的深入发展，北海党组织建立的时机已趋成熟。6月底，在中共党员潘兆銮的主持下，北海召开第一次党的会议，成立北海党小组，江刺横任组长，共有党员江刺横、简毅、苏其礼、李雄飞、冯其五、冯慕周、钟辉廉、潘铁汉8人。不久，党小组吸收了一批党员扩大为北海市党支部，江刺横任书记。党支部以"肖我照相馆"（现为北海市中山东路59号）为秘密联络点。北海党支部直接受中共广东区委领导，联络人先是潘兆銮，后为韩盈①。在建立党支部的同时，还建立了中国共产主义青年团北海市支部，有团员12人。

1926年9月，中共广东南路地方党务负责人杨枝水和广东省农民协会南路办事处妇女部长钟竹筠，受黄学增的委托，前来防城东兴开展建党工作。在钟竹筠的努力和黄学增的支持下，1927年1月，防城县第一个党支部——东兴党支部成立，由钟竹筠任支部书记。

南路革命是由黄学增在20世纪20年代广东雷州半岛发起。南路革命运动的开创者和早期领导人是遂溪的黄学增。他与大革命时期的彭湃、阮啸仙等人都是广东的农民运动领袖。

1922年，黄学增在家乡创立中国乡村较早传播马克思主义的革命组织——雷州青年同志社。从创立雷州青年同志社，到在第一届广州农民运动讲习所学习，再到实地组织、策划、指挥花县等地的农民自卫军与土豪劣绅作斗争，呼吁营救被军阀扣押的工运领导人刘少奇等各种革命斗争的锤炼，黄学增成长为有坚强革命信念、坚韧意志和精神的农民运动领导。②

---

① 中共北海市委党史研究室：《中国共产党北海历史》第一卷（1926—1949），广西人民出版社，2005年，第38页。中共北海市委党史研究室：《钦廉地区第一个地方组织的建立》，《当代广西》2011年第15期。

② 中共中央党史和文献研究院编：《刘少奇年谱》第一卷（1898—1942）增订本，中央文献出版社，2018年，第34—35页。

1926 年 3 月，广东省农民协会南路办事处在梅菉设立后，黄学增身兼办事处主任、中共南路特派员和中国国民党广东省党部南路特别委员会委员等职，成功创建了中共南路组织。由此，南路革命在黄学增的全面领导下蓬勃地发展。他主持大规模的社会调查，亲自撰写《广东南路各县农民政治经济概况》，为有的放矢地开展农民运动提供依据。

他还吸收农民运动积极分子加入中国共产党，于 1926 年春夏间，秘密建立了阳江、吴川、梅菉、廉江、遂溪、海康等县副党支部或党小组，壮大党的力量。同时，他还充分利用国共合作机会，通过各种方式、各种渠道把党的干部安排到西路、南路相关机构和群众团体中负责重要工作，扩大中共组织的话语权。其中派遣江刺横到北海市郊开展工人运动和建党活动，派遣钟竹筠到防城东兴开展农民运动和建党活动，派遣苏其礼到合浦开展农民运动。他仿照广州农民运动讲习所的模式，在高州、雷州、防城等地先后举办补习班、学校、讲习所等，培训农民运动干部。学员学习结束后，还派遣他们出去工作，点起南路革命的星星火种。黄学增还亲自领导南路农民抵制反动势力盘剥农民的苛捐杂税，进行"反三捐"斗争并取得胜利。他团结教育广大农民，粉碎瓦解旧官僚政客、土豪劣绅、反动军官、反动民团对南路农民运动的破坏。他深入南路各县农村，通过开会、演讲、演白话戏、印传单、出墙报写标语等多种形式发动农民组织、参加农会。他撰写的《广东南路各县农民政治经济概况》《为电白农民求救》《读宫一俊先生国民党和共产党的关系以后》等农民运动文章，为大革命时期农民运动历史留下了宝贵的文献资料。

在黄学增的全面领导下，南路各县市党组织迅速发展壮大，成立了中共南路地委，辖下党员共有 1000 多人，在南路地区的大革命运动中起到先锋队的作用。此外，南路农民运动从 1926 年夏到 1927 年春得到迅猛发展，农会会员从原来的 9000 多人猛增到 12000 多人。在黄学增的领导和组织下，广西南路革命势力日益迅猛发展，掀起了革命新高潮。北海市郊和其他县成立了区、乡农民协会，还成立了东兴工会、防城工会等。农民群众发挥了自身的力量，成为中国共产党的坚强后盾和国民革命的主力军。中共广东省委对黄学增领导南路农民运动取得的显著成绩给予充分肯定，1930 年 1 月 17 日在《二七纪念宣传大纲》上称赞黄学增为"南路农民领袖"。①

---

① 中共档案馆、广东省档案馆：《广东革命历史文件汇集》（1930年），1982 年 11 月，第 41 页。

第八章

国共破裂　迅猛暴动

面对敌人的凶残，必须迅猛暴动，让敌人在人民的暴动中消亡。

第一节　南路组织的立与破

1925 年 10 月，在国共合作推动下，国民革命军出师讨伐南路军阀邓本殷。国民党广东省党部南路特别委员会成员随军南进，在梅菉设署办公。该会是国共合作的组织形式，主席潘兆銮，委员黄学增，工作人员韩盈、钟竹筠等人，都是以个人身份加入国民党的中共党员。与此同时，中共广东区委任命黄学增为中共南路特派员，并陆续派出共产党党员、共青团团员和进步青年南下，主要任务是建立中共组织，开展农民运动。

在国民党广东省党部南路特别委员会成立前，为统一广东全省建立良好的群众基础，以黄学增、王文明为代表的南路共产党人，发起广东南路八属革命团体联合会等团体，动员南路一批革命青年随军出发。广东省党部南路特别委员会成立后,在中共南路特派员黄学增的领导下,在共产党员、青年团员的秘密宣传和组织下,长期遭受邓本殷残暴统治的广大群众热烈拥护和支持革命军。南征军所到之处,老壮妇孺夹道欢迎,并在大道两旁摆上茶水、食物,供南征军饮用。由于得到广东南路人民群众的大力支持,自1925年10月初,国民政府以第四军第十师为南征主力开始,至1926年2月中旬,南征军在琼崖追歼残敌,清剿土匪,肃清了全岛止,前后不足5个月的时间,南征取得了完全胜利,广东全省也完成了全面的统一。

高州广东省农民协会南路办事处旧址

1926年1月,广东省农民协会为便于指导各地农民运动,把全省划分为潮梅海陆丰、惠州、西江、南路、北江、琼崖、中路等7个工作区域,分别设立6个办事处。中路由省农民协会直接领导。2月,黄学增受指派回南路筹建广东省农协南路办事处。3月,南路办事处成立,与国民党广东省党部南路特委会合址办公。南路农民运动从公开组织逐渐进入发展时期,各地纷纷成立农会,农村阶级斗争日趋激烈。黄学增也着手在南路一些县秘密建立和发展中国共产党支部。其间，中共吴川县支部、阳江县支部、廉江县支部、茂名县支部、梅箓市支部等相继成立。4月，团雷州特支分设共青团遂溪县支部和共青团海康县支部。至5月，遂溪县和海康县在团雷州特支的基础上，大部分团员转党员，又分别成立了中共遂溪县支部和中共雷州（海康县）支部。8月，广东省农民协会南路办事处从梅箓迁到高州城，以方便进一步开展高州六属农民运动。与此同时，国民党广东省南路特别委员会也迁到高州，与南路办事处合址办公。同时，黄学增也到各县指导当地成立农民协会。南路吴川县、电白县等成立了县农民协会，廉江县和茂名县成立了县农协筹备委员会，各县区、乡陆续解散民团，收缴民团枪支，建立农民自卫军。梅箓、阳江、北海、东兴各地的职工运动得到发展，有40余个手工行业成立了工会。雷州各县成立了青年同志社，高州成立了新青年社，各地还成立了学生联合会、妇女解放协会和商人协会，南路出现了革命高潮。

这时，南路地区国民党各级党部的改组工作和组织发展工作，均取得了一些成效。在按照党的决议、以个人名义加入国民党的共产党员的努力下，国民党广东南路特别委员会对发展南路群众运动做了相应的工作。

1927年1月，中共广东南路地方委员会成立，黄学增任书记，继续领导南路15县2市的革命斗争。中共南路地委驻高州城，受中共广东区委领导。但随着国民党的分化日益明显，革命统一战线内部的斗争日益尖锐和激化。年初，国民党右派全面地、公开地向革命势力进攻，革命群众运动面临被镇压的险境。

蒋介石发动"四一二"反革命政变，"白色恐怖"笼罩广东各地。早有预谋的南路反动派也动手对共产党员、农会干部和革命群众进行逮捕、屠杀，国共合作破裂。党的八七会议及时总结了大革命失败的经验教训，确立了土地革命和武装反抗国民党顽固派屠杀政策的总方针，把发动农民举行秋收暴动作为当前党的最主要任务。

面对国民党顽固派的暴行，南路人民没有屈服。为了尽快恢复南路地区的革命斗争，1927年夏，中共广东特省委派彭中英到南路地区成立中共广东南路特别委员会，彭中英为书记。《中国共产党湛江历史》有记载："1927年8月7日，中共中央在湖北汉口召开紧急会议（八七会议）……8月间，曾参加中共旅法支部、大革命时期在广东省农协担任农军部主任的彭中英，奉中共广东省委之命，由香港返回南路地区领导革命斗争。在此之前，曾任省港罢工委员会、纠察委员会军务处主任兼大队长的薛文藻，已于5月间由中共广东区委委派，从香港返回雷州半岛秘密活动，设法联络各地党组织，恢复工农群众团体和组建工农武装。彭中英抵达南路后，随即在广州湾赤坎召开各县党组织负责人开会，传达中共中央和广东省委的有关指示，宣布成立中共广东南路特别委员会，由彭中英任特委书记，朱也赤、梁文琰、陈信材、卢宝炫、杨枝水、黄广渊、梁英武、刘傅骥、薛文藻、刘邦武为特委委员。同时，还成立了共青团南路特别委员会，由王克欧任书记。"[①]

何锦洲的《访问彭中英先生的记录稿》："1927年二三月间，黄学增调到高要等地……这年夏，我到广州湾赤坎，与各县同志开会，成立南路特委，以彭中英为书记，委员有朱也赤、梁文琰、陈信材、卢宝炫、杨枝水、黄广渊……薛文藻（后做反动县长）、刘邦武等。"

---

① 中共湛江市委党史研究室：《中国共产党湛江历史》第一卷，中共党史出版社，2011年8月，第112—113页。

1927 年 11 月，遵照中共广东省委指示，南路特委予以取消，派杨石魂、周颂年到南路巡视工作。至 1928 年 2 月底，中共广东省委又决定恢复中共南路特别委员会。4 月中旬，由杨石魂、周颂年及工农同志 3 人共 5 人组织恢复了中共广东南路特委，杨石魂为书记。7 月底 8 月初，召开南路党员代表大会，选举黄平民为南路特委书记，恢复后的南路特委委员，在广州湾曾两次遭受逮捕，8 月 29 日，南路四个机关遭受破坏。在此期间，遂溪、茂名、化州也共有 100 多人被捕。

9 月初，中共广东省委决定"南路、琼崖两特委将来合并，即设一特委于海口，同时负责指挥南路工作"。[①] 在此之后，黄学增以省委候补常委、琼崖特委书记身份兼任南路特委常委。

1928 年 12 月 23 日的《中共中央巡视员毅宇给中央的报告》中称："南路特委最近又破坏，黄平民被捕。"12 月 31 日的报告又称："南路广州湾机关破坏，黄平民、朱也赤等 10 余人被屠杀。"[②]

第二节　组织武装暴动

1927 年，广州发生"四一五"大屠杀后，"白色恐怖"笼罩南粤，南路形势急剧变化，国民党突发了"清党"运动。国民党

---

① 中央档案馆、广东省档案馆：《广东革命历史文件汇集》（1927—1928），1982 年 12 月，第 181 页、第 210 页、第 228 页。
② 中央档案馆、广东省档案馆：《广东革命历史文件汇集》（1928）（6），1982 年 12 月，第 410 页、第 447 页。

"广东省清党委员会""高雷清党委员会"宣布开除黄学增等108
人的国民党党籍，发动驱赶黄学增、追捕共产党人的运动。

国民党当局向南路等地区派出党务视察员和特派员，撤销各
地由国共合作建立起来的革命组织，改组各种工、农、学团体。同
时，地方劣绅也乘机报复，社会一片混乱，怨声载道。

为保存力量，中共广东区委决定，区委从广州迁去香港，同
时召开区委扩大会议，讨论省属各地革命斗争。这时，中共广东
区委决定派黄学增到西江和南路主持武装暴动。黄学增领命后辗
转于西江和南路之间，领导发动地方的武装暴动。[①] 4 月下旬到 8
月底，黄学增组织和发动肇庆反蒋起义、郁南都城暴动、四会人
民的反抗斗争、罗定横岗再次暴动等系列暴动。

（一）西江暴动

西江水流急，革命起新潮。受到广东"四一五"反革命政变
的影响，西江地区党组织遭受严重破坏，农民运动被镇压，在西
江地区的革命形势处于最困难的危险时期，中共广东区委派黄学
增到西江地区主持大局，并由他兼任中共西江地委书记。1927 年 4
月 19 日，临危受命的黄学增化装成经营杉木的商人，秘密到达高
要县禄步圩黄洲村。他向隐蔽在当地的罗国杰、周其柏、陈均权
和许其忠等原西江党组织负责人和农军骨干，传达中共广东区委
的指示和举行武装暴动的决定，并同他们一起研究作战的具体部
署。同时在高要禄步黄洲设立农军指挥部，黄学增任总指挥。

5 月，在黄学增的努力动员和组织下，高要、云浮、新兴三县

---

① 中共湛江市委党史研究室：《南路农民运动史料》第 177—182 页的
《民国档案六件》和中共广宁县党史研究室：《中共广宁县地方大事记（新
民主主义革命时期）》，1998 年 5 月。

农军组成暴动部队，相继发动肇庆起义以及郁南都城、岁定横岗等农军暴动，其中肇庆起义是西江地区最大规模的武装起义。但由于力量不足，起义和暴动都失败了。9 月初，黄学增主持西江地委在黄洲召开扩大会议，根据中共广东省委（原中共广东区委已改称中共广东省委）的暴动计划，决定将中共西江地委改为中共西江特别委员会，仍由黄学增兼任书记，周济为副书记，并成立军事委员会，黄学增任军委主席，周济任副主席。黄学增主要负责西江下游的高要、新兴、四会、广宁、三水等县。接着，黄学增直接到乐城指挥高要乐城暴动，并成立了"高要县工农革命军"，将 1000 多名暴动军民编成一个大队，由他亲任大队长。9 月 8 日，当敌人直扑乐城领村时，黄学增指挥工农革命军还击，当场毙伤敌 30 多人，敌人连续三天的进攻均被击退。后来，敌人从县城调来火炮，发起总攻。黄学增率农军顽强抵抗，又毙伤敌 70 多人。因敌众我寡，不能取胜，乃率部向广宁方面转移。

10 月 15 日，中共中央南方局、中共广东省委在香港召开联席会议，对中共广东省委进行改组。黄学增以中共广东省委西江巡视员的身份被选为中共广东省委候补委员。当月，黄学增从香港秘密潜返广宁，向中共广宁地委叶洁秀等人传达中共广东省委关于举行暴动的决定，建议广宁地委集结武装力量，待时而举，以配合广州起义。

但是 1927 年 12 月提前举事的广州起义因敌我力量悬殊只坚持三天就失败了。中共广东省委认为各地暴动不能停止，志在夺取全省政权。年底，黄学增从广宁回香港，向中共广东省委汇报西江情况。

1928 年 1 月，为了开展西江的暴动工作，中共广东省委指派黄学增为中共广宁县委书记。据相关资料，2 月 3 日，中共广东省委通过了《西江暴动工作大纲》，将西江地区农民暴动的一个中心选在广宁。西江暴动的策略，一是以广宁为中心，扩大到高要一带；一是以罗定为中心，扩大到郁南、封川一带，形成两个割据，与北江紧密联系。《广东革命历史文件汇集》收集一份登记时间为1928年2月3日的《西江暴动工作计划》（未有署名，疑为中共广东省委文件）有相关记载："西江农民一向是有多少基础……广宁、高要罗定、云浮、封川、新兴各县，农民对于政权及土地的要求，是非常迫切——尤其是广宁、高要……西江暴动主要任务，就是要实行土地革命，扩大各县暴动形成西江割据局面，以至会合各方割据力量，由广宁以影响清远，由罗定以联络南路，逐渐形成全省总的暴动。其次，西江为桂系进窥广东，扼守广西之门户，西江暴动之胜利，可以给予极大之帮助于广西工作，根本动摇以至推翻桂系在两广的统治……西江暴动第一个中心是在广宁，第二中心是在罗定。"[1]

为此，中共广东省委要求广宁马上举行暴动。领命的黄学增立即从香港返回西江广宁。黄学增到达广宁后，马上紧锣密鼓地开展工作，组建了"广宁农民赤卫队"武装暴动指挥部，黄学增兼任总指挥。

不久，以西江特委书记、广宁县委书记黄学增为核心的西江党组织发起西江暴动。1928年2月25日，县委部署指挥在螺岗圩发动武装暴动。广宁农民赤卫队队长欧蛟指挥300余名赤卫队队员武装进驻螺岗圩，宣布暴动，没收地主粮仓内几百石稻谷，充作赤卫队给养。广宁县委随即在螺岗圩镇安府召开了由3000多人参

---

[1] 中央档案馆、广东省档案馆：《广东革命历史文件汇集》（1928）（1），1982年11月，第289—296页。

加的群众大会，宣布成立西江地区第一个县级苏维埃政府。大会选出罗国杰、薛六、谭鸿翔、高玉山、高纪、欧蛟、伍学南为苏维埃政府委员，罗国杰任苏维埃政府主席。当时（28日），广宁县国民党政府即纠集以广宁、高要、德庆三县联防民团为主力的反动武装向螺岗进犯。由于敌我力量悬殊及敌人疯狂反扑，农民赤卫队于暴动后的第四天，主动撤离螺岗，后再撤到广宁县委所在地石涧。黄学增在石涧继续领导和组织武装暴动。因为敌人数

土地革命战争时期中共
广宁县委机关旧址

倍于己，黄学增分析形势，决定赤卫队和农军转移疏散，转为地下斗争。3月，黄学增和陈家善离开广宁去香港，准备出席省委会议并汇报广宁暴动情况。22日，县委机关被敌人围攻破坏，广宁工作一时失去了联系中心。

　　4月13日，中共广东省委在香港召开第一次扩大会议，黄学增出席会议。会议讨论"继续全省总暴动"的部署，① 认为广东的革命仍处于高潮，党的策略是加紧扩大各路的暴动，完成全省总暴动，夺取全省政权。会上选举李立三为省委书记，黄学增为省委委员，陈家善为省委候补委员。

———————————

　　① 中央档案馆、广东档案馆：《广东革命历史文件汇集》（3），1982年11月，第281页。

广宁县苏维埃政府遗址——螺岗镇安府

（二）宝安暴动

1925 年底，黄学增调离宝安，龙乃武接任中共宝安县支部书记。1927 年"四一二"反革命政变后，国共第一次合作破裂，国内政治形势发生了转变。在宝安的中共党员遭到国民党的逮捕和驱逐，中共宝安县委被迫转入地下，农民协会自行解散。同时，中共宝安县委要求各区农军对国民党武装实行"坚壁清野"，进行秘密活动。

6 月，中共宝安县委重新秘密整顿农军，准备武装斗争。中共广东区委召开东莞、宝安两县党领导人联席会议，决定共同组织东宝两县工农革命军起义，并立即成立"东宝工农革命军总指挥部"。指挥部顾问赵自选，总指挥蔡如平，副总指挥郑奭南，军令处陈兆魁，秘书处谭适存，总务处潘寿延。下设四个大队：第一大队、第二大队属东莞，第三大队、第四大队属宝安。其中宝安两个大队队长分别由麦福荣、陈义妹担任。会后，中共宝安县委决定改编农军，作为工农革命军的基本队伍，随时准备起义。

1927 年 12 月，宝安举行第一次工农暴动。14 日，县委组织工农革命军 2000 多人，武装配合广州起义举行暴动。暴动前，香港党组织派傅大庆到楼村，向县委传达上级指示，限工农革命军在 13 日前到深圳会同铁路工人坐火车直趋广州接应起义。县委立即从两个大队的工农革命军中抽调 200 多人，于 12 月 12 日集中于楼村，混编为第一、第二两个大队。第一大队由郑奭南、麦福荣、陈义妹带领进军深圳；第二大队由潘国华、潘寿延、陈绍芬带领，攻打县城南头。当天，第一大队星夜行军，经观田、龙华向深圳前进。13 日抵梅林时，一位铁路工人突然传讯：广州暴动已提前举行，不幸失败，队伍已退出广州，令宝安工农革命军退回原地候命。郑奭南召集各领导同志磋商，将接应广州起义的计划临时改为攻打深圳。14 日，这一队工农革命军分四路突破深圳东西南北圩，包围军政机关，郑奭南带队挺进警局，击毙警局巡官江秀词，俘房区长兼警察局局长陈杰彬和两名局员，缴获长枪 10 余支。暴动队伍于当日下午开出深圳到乌石岩集中。第二大队攻县城未果，亦到乌石岩集中。其后，宝安县县长邓杰督率 3 倍人数于革命军的县城、沙井、新桥的民团包围乌石岩。工农革命军先是转移至东莞梅塘东山庙屯扎，然后分散隐蔽。暴动失败后，中共广东省委对宝安县委组织农军攻打深圳提出了批评意见，认为事前没有做具体的计划，也没有充分发动群众。

1928 年 2 月 23 日，中共广东省委派巡视员阮啸恒到宝安总结第一次暴动的经验教训并调整领导班子，明确斗争方向。

4 月上旬，中共宝安县委根据中共广东省委关于东江总暴动策略报告的要求，制订"宝安暴动计划"，决定组织第二次暴动，并明确暴动的任务是响应东江各县暴动，实行土地革命，建立"苏维埃的宝安"。4 月 19 日，中共广东省委派黄学增到宝安指挥暴动。29 日，集中各乡农民武装包围敌人，毙 4 人，伤 2 人。慑于暴动的声势，第四区、第五区区长，巡官和豪绅地主相继逃走，宝安县长及沙井、新桥豪绅地主纷纷告急，到广州、虎门、深圳搬救兵。中共宝安县委本来决定集中全县农民武装，进一步扩大暴动成果，后因各乡负责人动摇，暴动未能按计划完成。

1928年5月2日，黄学增代表中共宝安县委给中共广东省委汇报了《中共宝安县委给省委报告——各区暴动斗争情况》，总结前两次暴动的经验教训。黄学增向省委报告说：数日来，我们决定完全把武装集中组织起来，连续进攻福永、长圳、唐家村、塘尾等处，乘豪绅地主统治阶级如此惊慌之际，一直猛干下去……陈耀同志已回，暂指定他在武装指挥（部）工作，学增同志俟武装集中组织完妥且亲身参加进攻一、二处反动乡村才回省委当面报告，听候调遣。

可见，黄学增也参加了宝安的第三次农民革命暴动，而且亲自部署指挥战斗。第三次暴动以后，中共宝安县委又向省委写了报告，也印证了黄学增第三次参加宝安农民暴动的事实。

5月初，宝安第三次暴动在第五区发起，因被国民党军队、民团包围于新围，遂退至东宝边界，与东莞部分武装联合进行游击战争。下旬，东莞、宝安两县工农武装负责人周满、周光赤各率部进入东宝交界之东山，并在东山庙举行联席会议，按红军制度进行整编。同时，决定以东山为中心，扩大红军和赤卫队，向东宝乡村发展，深入开展土地革命。但在国民党军队与地方武装的围剿下，部队粮草和武器缺乏，武装斗争被迫停止，人员疏散到香港、新界。

第九章

火线受命　视死如归

环境越恶劣越危险，越要坚守初心，勇猛直前，踏破死神。

第一节　调整班子及建制

1927年10月，中共广东省委根据琼崖孤悬海中易于防守、国民党反动势力在琼崖只有1个团仅800兵力，我们同志约有1万人等客观事实，制订了专门的计划，以期盼达到占据琼崖全岛，辟为军事策源地的目标。为实现这一计划，省委书记张太雷在张发奎派张明义带着三营兵力到琼崖去之前，也派去由周一勤带领的工人10余人到了海口。同时要求中央通知叶文龙速返香港以便赴琼工作。

1928年4月，中共广东省委根据琼崖革命出现的挫折，决定派黄学增以巡视员身份赴琼崖指导工作。让他到琼崖恢复革命力量。但是，由于中共广东省委4月13日在香港召开扩大会议期间，宝安暴动受到挫折，黄学增临时奔赴宝安指导暴动，因此，才迟至 6 月 16 日到达琼崖乐会第四区特委所在地。

对于黄学增 1928 年 4 月受命赴琼主持一切工作的说法，还可以从 1928 年 4 月 13 日省委扩大会议通过的《中共广东省委委员名单及其成分》的这份文件中找到佐证。这是因为该文件有"正式委员三十二人：罗登贤（工）、周松腾（工）中路、彭湃（智）东江、沈宝同（智）香江……李立三（智）香江、黄学增（智）琼、杨石魂（智）南路、欧日章（农）北江、黄钊（工）西江……"的记载。①

琼崖苏维埃政府大会成立旧址

6 月 16 日，黄学增从海口行抵琼崖特委，在不足一个月的时间里，"由乐会而万宁，由万宁而乐会，对内外都做过许多工作"后，随即召开特委扩大会议，再行改组特委，由黄学增担任特委书记，原特委书记王文明改任琼革委主席，取消东、中、西各路名目，一律改为红军第几连，在每一县暂设一营指挥，各连所有红

---

① 中央档案馆、广东省档案馆：《广东革命历史文件汇集》（4），第 155—164 页。

军，均在军委指挥调动之下，并决定暂停反攻敌人，扩大游击暴动，恢复军械局子弹制造，改变红军装备。为了使省委反攻策略得以实现，重新组成红军和赤卫队。从根本上改造各地党部，成立琼崖苏维埃及各县苏维埃，然后一律取消军委。

据 1928 年 8 月统计，琼崖有党员 26913 人[①]，这个数字占当时全省党员总数的 1/3，红军发展到 3000 多人。

鉴于琼崖特委及琼革委所在地在乐会第四区，"亦被敌人四面进攻，局面非常严重"，"不能指导全琼工作"。[②] 为加强乐会、万宁及琼委的工作，黄学增决定在乐会、万宁各组织二连共四连红军，同时建立了琼革委党团。琼崖特委为了解决红军断粮问题，打破敌人的封锁，"为了经济调和，军需的接济，农产品和工业品的交换"，要求"沿海各县党部整理交通，扩大海面范围，扩大海员组织，扩大海道自卫的武装，扩大海道的贸易，必须扩大原有海员工会组织，扩大赤卫队，使海道的交通得有保障"；"要求在各县城的工人组织，应由各该县委负责利用同志亲属或派灰色同志入城做小生意充当工人"。[③]

在此期间，省委虽有计划将海口、琼山合并，组织健全县委，并指导向澄迈方面发展。但以黄学增为书记的中共琼崖特委，还是根据客观实际，依然将琼山县委和海口市委分开成立。1928 年 8 月 14 日，中共海口市委《致中共广东省委的信》报告："现在海口各负责人驻地问题总算是可以解决了。海口市委、工委及海口

---

① 中共广东省委：《广东全省党的组织统计》，1928 年 8 月 7 日。

② 中央档案馆、广东省档案馆：《广东革命历史文件汇集》（1928—1931），1984 年 11 月，第 477 页。

③ 中央档案馆、广东省档案馆：《广东革命历史文件汇集》（1928—1931），1984 年 11 月，第 477 页。

琼崖红军医院旧址

区委已恢复进行工作（市郊已照原旧工作）……琼山县委和市委现在隔膜尚在，尚找不着交通前去。"在中共海口市委、工委等组织恢复工作前后时间里，在中共琼崖特委（全称为"琼崖革命委员会"）的领导下，在黄学增的努力下，琼崖苏维埃政府也于七八月间成立了。琼崖苏维埃政府成立后，琼崖特委也逐步恢复了儋县、临高、崖县等县的县委，并充实万宁、乐会、陵水、澄迈等县委及县乡苏维埃政府，开展红色清乡联防等工作。

　　黄学增赴琼改组特委后所开展的一系列工作，得到了中共广东省委在1928年11月24日召开的扩大会议上的高度肯定。1928年11月29日《中共广东省委致琼崖特信》（指字第一号）[①] 中说："省委扩大会闭幕了。省委扩大会对琼崖过去的英勇的艰苦的斗争表示十分敬意！"虽然黄学增在1928年冬或1929年春，按照省委关于成立南区特委以及中心工作的指示及新的兵运计划要求，将

_____

　　① 中央档案馆、广东省档案馆：《广东革命历史文件汇集》中共广东省文件（1928）（6），1983年12月，第271页。

琼崖特委迁往琼崖及南路的中心海口，但是以黄学增为书记的琼崖特委依然将工作重点放在乡村。

黄学增于1928年6月16日从海口行抵琼崖特委一个月后，给中共广东省委写了报告，报告关于琼崖特委改选、过去工作错误和红军活动的情况，指出旧特委太无能为力，而且平时权力太过集中。经过黄学增艰苦的调整工作后，情况已有改善，逐渐恢复了琼山、文昌、澄迈、琼东、万宁等地区的组织工作。

第二节　整顿党组织

1928年8月上旬，琼崖特委书记黄学增到海口市整顿党组织。他到了白沙乡三望村陆国宪家，秘密召开党员会议，改造中共海口市委。黄学增要求改组后的中共海口市委认真贯彻中共广东省委的指示，做好府海地区的城市工作。1929年2月，中共琼崖特委在海口驻地召开扩大会议。参加会议的有澄迈、临高、文昌、琼山、海口等市县的负责人。会议决定："以琼山、澄迈、文昌为党的工作中心区域，城市工作加紧，注意海口、嘉积工作；港口注意三亚、榆林港、新盈港等。"①

在琼崖特委机关与海口市委的领导下，海口市区和郊区的党组织和革命斗争得到一定的恢复和发展。但黄学增也意识到各地苏维埃政权还不够健全，未能很好地发动群众。为了解决这个问

① 中共海南省委党史研究室：《中国共产党海南历史》第一卷，中共党史出版社，2007年，第142—143页。

题，他于 1928 年 8 月 12 日，在乐会县第四区高良朗村召开全琼第一次工农兵代表大会，参加会议的有乐会、万宁、琼山、文昌、琼东、宝安、澄迈、崖县、陵水等县代表 60 余人。黄学增抓紧红军余部整顿，把红军司令部改为军事委员会，置于琼崖特委直接领导下，以特委委员梁秉枢为军事委员会主席；取消西路、中路、东路红军名称。按营连序列命名，每县建制为一个营，下辖几个连，全岛红军统归军事委员会指挥；加强军械局的工作，制造七九、六八等枪弹，以便作战。

1928 年 12 月，在中共广东省委指示琼崖特委迁到海口之前，琼崖红军已撤到山上。《中国共产党海南历史》记载："红军和部分赤卫队、琼崖苏维埃政府直属机关，附属单位军械厂、印刷厂、交通处、医院等 600 余人，冒着敌人的枪林弹雨，向母瑞山转移，开辟母瑞山革命根据地。"① 琼崖母瑞山革命根据地的创建，是琼崖革命由挫折转向发展的新起点。《中国共产党历史》记载："在海南岛，中共琼崖特委领导的红军转移到母瑞山地区后，在非常艰苦的条件下坚持斗争。在琼崖特委遭到敌人多次破坏后，于 1929 年下半年成立琼崖临时特委，红军恢复发展为独立团。"

1929 年，根据中共广东省委分工，黄学增仍留在海南领导琼崖地区的组织工作。3 月，中共南区特委在海口暴露，委员陈大基等 8 人被捕牺牲。② 但黄学增仍然带领南区特委开展工作，于 5 月

① 中共中央党史研究室：《中国共产党历史》第一卷（1921—1949）（上册），第 279 页。
② 1928 年 11 月中共广东省委决定将南路特委与琼崖特委合并，成立中共南区特委，黄学增为书记。可惜是年 12 月中共南路特委在广州湾遭破坏，书记黄平民、委员朱也赤等主要领导人被捕牺牲。中共南区特委的工作主要在琼崖。

初袭击文昌锦山市民团局，缴获长枪手弹等一批武器。

5月中旬，黄学增返香港向中共广东省委汇报工作。中共广东省委决定立即重建中共琼崖特委，以官天民为书记，组成5人小组。中共南区特委随即终止。① 根据现实需要，黄学增以中共广东省委巡视员身份，继续指导琼崖地区工作。但中共广东省委要求黄学增至多两个月后须返回省委工作。这期间，黄学增一方面指导工作，另一方面应中共广东省委要求，陆续为党机关刊物《红旗》《学习》撰写文章，宣传、指导革命。

在琼崖，生活是极其艰苦的。而且随时会出现危险。黄学增已把个人生死置之度外，一心扑在工作上。在危险的环境中从事危险的事业，是相当危险的，这一点，黄学增心知肚明。

1928年底，琼崖土地革命转入低潮。各地中共党政组织、武装队伍和群众团体，散的散，上山的上山，更多的隐蔽了起来。中共广东省委和团省委致信中共琼崖特委，指出："革命确实转入比较消沉的地位""一切过早的盲动应当停止"，目前要"争取组织广大的工农群众，以准备革命高潮中的总暴动"。"省委以前未曾充分注意于应付敌人的正确策略之指示，而过于主观地希望进攻，完成全岛的割据，这是错误的。"在进行自我批评的同时，省委指出琼崖未能完成全党暴动的原因是"城市职工运动完全未加注意""敌军士兵完全无工作"，因此今后仍应以城市工作为中心。②

---

① 中央档案馆、广东省档案馆：《广东革命历史文件汇集》（中共广东省委文件）（1929）（2），第66—69页。

② 中央档案馆、广东省档案馆：《广东革命历史文件汇集》（中共广东省委文件）（1928）（6），第297—302页。

1928 年 11 月下旬，中共广东省委召开第二次扩大会议贯彻六大精神，通过了广东省目前的政治任务，党的组织、军事工作、职工运动等决议案，纠正了一些"左"的冒险错误做法，但对农村革命根据地重要性仍然认识不足，仍然决定以城市为党的工作中心。

根据省委决定，黄学增主持琼崖特委委员会议。会议决定，特委由黄学增、官天民、陈大机等人率领特委机关由苏区迁进海口、府城，把工作重点放在开展工人运动、士兵运动工作方面。由于王文明保留态度，琼崖苏维埃政府则留在农村与敌周旋。黄学增这一决定既显示了一个共产党员坚定的组织原则，又尽可能地从实际出发，为琼崖革命保存了力量。[①]

为打开新的局面，王文明决定率领琼崖苏维埃政府机关实行战略转移。1928 年底，王文明在乐四区召开党支部书记和乡苏维埃主席以上干部会议，研究有关转移和坚持斗争等重大问题。会后，王文明、何毅、梁秉枢、罗文淹、王业熹等人，率领 130 多名红军和部分赤卫队、琼崖苏维埃政府直属机关、附属单位军械厂、印刷厂、交通处、医院等 600 余人，冒着敌人的枪林弹雨，向母瑞山转移，开辟母瑞山革命根据地。这一举措既保存了革命力量，又有利于将来的发展，无疑是正确的。琼崖特委委员会议后，黄学增与特委机关人员秘密到海口、府城建立地下机关，派员与革命工会、工人联系，组织小型改善生产、生活的谈判斗争，使职工得到一些利益。但由于反动派控制工会严密，工人的大型革命斗争不能开展。为此黄学增提出应以小型、个别革命工人为主，积小胜以鼓舞斗志，不宜搞大斗争暴露革命力量。他还派人员深入

---

①　中共海南省党史研究室：《中共海南省历史》，中共党史出版社。

到国民党士兵中去，揭发国民党反动派发给士兵的薪饷极低，生活很不好，还受军官无理打骂，甚至被罚、被拉去坐牢，鼓励士兵起来反抗。但在敌军官监督下，士兵无权，在革命低潮时期更不愿意起义，兵运工作困难重重。黄学增提出，要耐心做秘密兵运工作，不宜过急过快，应慢慢推进。1928 年 7 月 16 日，黄学增写给省委的报告中说：琼崖当前情况"困难万分"，医院病号以致"红军伙食，各机关伙食真是无法可想"。① 但在这种十分困难的条件下，黄学增不低头、不气馁，仍坚持高举革命旗帜，坚决依靠琼崖干部与人民，秘密再建党的组织和群众团体，坚持斗争在敌人的心脏地区。

1928 年 12 月，中共琼崖党团特委机关迁到国民党在琼崖的政治、军事、经济中心——海口市和府城镇后，一边筹建南区特委，一边开展城市工作。但是，由于中共南路特委当时已遭破坏，领导人几乎全部牺牲，因而琼崖特委和南路特委合并计划未能按省委指示完全实现。黄学增带领原琼崖党团特委机关以职业为掩护秘密在海口市开展活动，同时，对邻近的琼山、澄迈两县的领导人做了新的安排，将冯白驹调往澄迈任县委书记，琼山县委书记由陈秋辅接任。这一决定，对冯白驹日后成长为琼崖革命的领导人、成为"琼崖革命的一面旗帜"至关重要。

黄学增在琼崖革命活动影响之大，连对手也不得不为之折服。叛徒陈骏业（曾任琼崖特委委员）也说："黄学增为雷州人，在共党中地位颇高，来琼时正当大军痛剿，无法支持之际，而不知时势，不度力量，惟知执行上级命令，以丧败之余孽，作反攻之企

---

① 中央档案馆、广东省档案馆：《广东革命历史文件汇集》（1928）（4），第 155—159 页。

图，此等盲目策略损失极巨。"①　此等言语虽出自一个革命叛徒之口，夹带着无耻的诅咒，但却说出黄学增在逆境中坚持斗争的事实。

第三节　英勇就义、浩气长存

1929 年 2 月，特委在海口召开扩大会议，参加会议的有澄海、临高、文昌、琼山、海口等市县的负责人。会议决定"以琼山、澄迈、文昌为党的工作的中心区域，城市工作加紧注意海口、嘉积工作，港口注意三亚、榆林港、新盈港等"。②　但由于海口是敌人严密控制的地方，蔡廷锴部在"围剿"革命根据地的同时，加强了对城市的防范，侦探、特警遍布海口等城镇，活动猖獗。因此，党团特委机关在海口、府城的活动很快引起了国民党当局的注意。2 月中旬，中共海口市委书记严鸿蛟被捕，叛变革命，供出了特委和市委机关所在地，敌人随即派兵包围特委和海口市委机关，捕获了陈大机、黄朝麟、云昌江等特委和市委领导成员及机关干部共 13 人，黄学增、官天民因赴省汇报工作而幸免于难。接着敌人又令严鸿蛟带路，在海府地区追捕革命同志，海府党组织遭到严重破坏。

1929 年 5 月，黄学增秘密潜返香港，向省委汇报了琼崖的严

① 《琼崖共首之述》（国民党），广东琼崖绥靖公署印行，1933 年 3 月，藏于广东省档案馆。
② 《中国共产党海口简史》，中共党史出版社，2013 年，第 167—168 页。

重情况。省委对琼崖的形势和今后工作进行了讨论，仍然没有吸取教训，继续坚持琼崖"工作的中心在城市"的主张。中共广东省委致函琼崖特委，认为琼崖当前的中心任务是"以反军阀战争为中心""发动群众起来作一切的实际斗争""纠正右倾不动主义和左倾残余，琼崖目前普遍存在右倾危险"。强调党的工作应以城市为中心，目前琼崖党的力量，"应首先特别注意海口、嘉积、三亚这三个重要城市，在这三个城市中，海口居于首位，嘉积次之，三亚再次之。琼崖党必须集中人力、财力派遣同志到以上三个城市去找工作，由下而上地十分刻苦地一点一滴地建立起党的基础来"。

5月26日，为了迅速恢复特委对城市工作的领导，省委指示，琼崖"特委本身须即建立起来"，由"官天民、黄善藩、冯世江、谢翰华、熊侠五人组成。以官天民仟书记"。省委决定黄学增以省委巡视员的身份重返琼崖，隐蔽在海口市，继续指导琼崖斗争。

6月初，黄学增回到琼崖，在干部中贯彻党的六大土地问题和农民问题决议案和省委第二次扩大会议农村工作决议案的精神，为在琼崖进一步开展土地革命做准备。

新特委成立后，在敌人"白色恐怖"之下，困难重重，海口工作难以开展。于是，就计划在澄迈县组织武装暴动，攻占金江镇。但是，7月间，中共琼崖特委机关再次被敌人破坏，到省委汇报工作的黄学增、官天民返回海口，借病住进美国教会在海口办的福音医院。由于叛徒告密，敌人当晚包围医院，官天民中弹牺牲，黄学增被捕。进攻金江镇的计划随之停止。

当时任琼崖实业专员、国民党琼崖实际统治者黄强，是黄学增在广东甲种工业学校读书时的校长。他首先派秘书找黄学增谈话，要黄学增供出琼崖党组织的情况，但遭到黄学增的严厉斥责。接着，黄强亲自出面"劝降"，利用师生之谊、同姓同宗来诱骗，又以死亡相威胁，说黄学增"走错了路""死亡在即"，应该"回头是岸"。黄学增毫不畏惧，他指出走错路的是黄强，而不是他。他痛斥黄强在雷州杀害无数百姓，又在琼崖屠杀革命群众，已经成了孙中山先生的叛徒。他慷慨陈词，相信共产主义能够胜利，能够为劳苦大众的解放而奋斗是无上光荣的事。他说今日被捕，要杀便杀，不能再为革命多做点事，死也要死得清白坚贞！黄强被斥责得无地自容，只好放弃"劝降"的念头。7月底，黄学增被敌人杀害于海口和府城之间的红坎坡，年仅 29 岁。

中共琼崖特委领导人被捕牺牲，使"琼崖工作迭次受破坏，党的基础几乎完全塌台，各县虽有工作，但目前无法联系"[①]。就在琼崖革命失去统一领导核心的危急关头，时任澄迈县委书记的冯白驹挺身而出，立即召开澄迈县委会议，决定以澄迈县委名义，将琼崖特委被破坏的消息通报有联系的其他县委；并亲自到母瑞山向琼崖苏维埃政府主席王文明汇报上述情况，提议召开各县县委领导人联席会议，以便重建琼崖特委领导机构，讨论研究今后斗争方针问题，带领全琼人民继续坚持斗争。冯白驹的提议，得到了王文明以及各县县委的赞同和支持。

黄学增在大革命洪流之中迅速成长，他扭转了琼崖暴动遭受严重挫折的革命局面，为琼崖恢复革命力量铺垫了道路。经过艰苦努力，琼崖党的力量逐步得到了恢复和发展。黄学增的生命是短暂而光辉的，他坚定不移的理想信念、不屈不挠的革命精神，永远值得我们学习。

---

① 《中国共产党海口简史》，中共党史出版社，2013 年，第 169—170 页。

第十章

英雄不死　永存人间

　　黄学增没有死，因为他是最英勇的好汉，有不死的灵魂、不死的精神，人民有永不消逝的追念。

学增纪念小学

　　由于牺牲较早，且被杀害时尸骨未存，至解放初期时，黄学增已为人们遗忘。直到1960年2月，周恩来总理来到广东视察，黄学增才在牺牲31年后重新走入人们的视野。

　　1960年2月10日下午3时许，周恩来总理和夫人邓颖超在广东省省长陈郁的陪同下，视察完海南岛后，乘专机来到港城湛江视察。在与当地领导进行座谈时，周总理深情地回忆起30年前曾同他一道开展革命工作的黄学增烈士。他对时任湛江地委书记的孟宪德等人说：湛江有个黄学增，第一届农讲所学员，土地革命战争时期曾任琼崖特委书记、红军琼崖独立师政委和广东省委候补委员，1929年在海口被叛徒出卖，被捕牺牲了。他家现在还有什么人，生活过得怎么样？

周总理过问了黄学增，了解黄学增亲属的情况后，作出有关指示，以孟宪德同志为书记的中共湛江地委对此极为重视，积极落实周恩来总理的指示。一致表示，要落实周总理的指示，好好宣传、学习黄学增同志；要弘扬黄学增坚定不移的理想信念，不屈不挠的奉献精神；要让黄学增的革命精神发扬光大，使下一代得到教育。他们将黄学增烈士的遗孀苏莲送到遂溪县革命烈属敬老院，派专人照料，让她安度晚年；政府每月定期给予黄学增胞弟黄学思生活补贴；拨专款修建黄学增故居和纪念亭，陈列黄学增的革命事迹，供后人参观学习。在周恩来的关怀下，烈士的遗孀和胞弟得到了照顾。[①]

1962年，国家财政部门拨款8万元准备为黄学增建造纪念场所，因为当时湛江地区遭受自然灾害，该笔款项大部分被用来救济灾民，剩下的小部分才用来建造纪念亭，当地人民在敦文村建成黄学增烈士故居和纪念亭。

如今，湛江市委、市政府、市人大、市政协四套班子以及中共遂溪县委、县政府，十分重视弘扬黄学增的精神。他们经常到黄学增的故居学习，并积极开展以黄学增革命精神为主的红色文化活动，组织机关干部学习。

湛江当地关于黄学增的研究也受到重视。中共湛江党史研究

---

① 1977年1月18日《湛江报》第三版。

黄学增纪念亭（航拍）

黄学增纪念亭

室编了《黄学增研究史料》，由广东人民出版社 1997 年出版。当
地组织出版的《碧血丹心耀南粤——革命先烈黄学增事迹画册》，
通过对历史资料的挖掘整理和编辑成册，再现了一代农民运动领
袖黄学增的风采。同时，中共遂溪县党史研究室在原先普查成果
的基础上，作进一步核实、研究和提升，编纂《遂溪县革命遗址
资料选编》一书。该书收录的黄学增领导农民运动和南路革命活
动的遗址共 110 处，编者希望以此弘扬黄学增等革命英雄烈士的爱
国情怀和百折不挠的精神。

　　国内关于黄学增的研究情况，还有陈充《黄学增在第一次国共合作中》（《中共"三大"研究》，中共党史出版社，2004 年 1 月）、陈登贵《试论第一次国内革命时期广东农民运动的历史地位》（《学术研究》1979 年 6 月）、张弼《黄学增对中共南路党组织建设的历史贡献》（《广东党史》2000 年 10 月）、窦春芳《黄学增与大革命时期的广东农民运动》（《广东省社会主义学院学报》2013 年 4 月）等。屈康慧田野采风写的论文《黄学增在广州湾的活动》，记录了黄学增在法国租借地广州湾发展党员，积聚革命力量的丰富业绩。此外还有陈国威、黄海著的《黄学增与广东南路革命研究》（新华出版社 2019 年 11 月第一版）。对黄学增的研究方面，除上述专家、学者外，黄学增的同乡黄海接受了黄学增胞弟黄学思于 90 多岁临终前的重托："请你一定要寻找黄学增的全部正确史实，了解一个真实的黄学增。"黄海很敬重黄学增，决心要完成黄学思的重托，开始了艰苦的田野调查。后来，北部湾江夏文化研究会常务副会长黄国胜，以"黄学增资料搜集编辑委员会"执行主任的身份，和黄海一起搜集资料。他们先后用 20 多年时间，在全国范围内追寻黄学增的人生经历和革命史料。他们在中国社会科学院、国家图书馆、国家档案馆单位的支持和帮助下，得到了丰富的史料。

　　本书的编写得到了这些史料的支撑，力求尽量还原当时真实的社会面貌和黄学增的生平。

黄学增，乳名妃贵，别号道传。广东省遂溪县乐民镇敦文村人。父亲黄如英，母亲姓氏不明，家境一般。

1900 年 10 月 14 日（即清光绪二十六年闰八月二十一日）出生。

1913 年，13 岁

在村里入读私塾，成绩优秀。

1916 年，16 岁

在乐民高等小学读书，后转入县立第五小学，成绩好。

1918 年，18 岁

考进雷州中学就读，后雷州中学改为省十中；校址在雷州城内。1913 年谭平山开始在此校教书，1916 年离开此校。

1919 年，19 岁

家境困难，听父母的话，于 1919 年冬与苏莲结婚。苏莲原籍是本县北坡乡大潭村人，小时候为乐民东边角村一位农民抚养。

1920 年，20 岁

以好成绩考上广东省立第一甲种工业学校。阮啸仙、刘尔嵩、周其鉴、张善铭等人也曾在广东省立第一甲种工业学校读书。

1921 年，21 岁

在广东省宣讲员养成所读书。该养成所先后由陈独秀、陈公博主持，谭植棠任教导主任，谭平山、杨章甫、谭天度、邓瑞仁等任教员。1921 年秋冬，黄学增加入中国共产党，成为广东早期第一批 32 位党员之一。

1922 年，22 岁

在宣讲员养成所学习马克思主义理论。利用回乡机会，创办雷州青年同志，宣传马克思主义。

1923 年，23 岁

文献资料记载是年黄学增参加市郊农民运动。

1924 年，24 岁

国共第一次合作正式形成，奉上级党组织命，黄学增加入国民党。

1924 年 5 月 26 日，黄学增等向国民党中央执行委员会发出请愿书，控告广州湾赤坎公局局长陈学谈在"二月四日"捕杀"党员黄文南、梁竹生"，"复相继通缉党员黄荣、黄学增、黄河丰、方景、黄汝清等"以及"解散雷州各县国民党分部"。

从 1924 年 7 月 3 日至 1926 年 9 月 11 日，中国共产党以国民党中央农民部名义在广州举办了六届农民运动讲习所，以培训农运干部。黄学增入读第一届农讲所，时任所长为彭湃。入读时间为 7 月 3 日至 8 月 20 日，这段时间，黄学增还到黄埔军校接受军训，并到广州市郊开展农民运动，创办农民协会。

7 月 23 日，《广州民国日报》报道陈学谈继过头追杀黄学增，搜去黄学增放在赤坎义利号的"行李书籍印刷品等件"。

8月18日，黄学增在广州主持召开雷州青年同志社的恢复大会（会址设在广州长塘街内），韩盈、黄广渊、薛文藻、陈荣位等20人参加会议。会议研究修订雷州青年同志社的宗旨和章程，选出黄学增、韩盈、陈荣位、黄广渊、陈荣福、陈遵魁等7人为执行委员，陈均达、田乃英、余晃等3人为候补委员，推先韩盈为主任，黄斌为书记（文书），陈荣位兼任会计。

8月21日，孙中山对农讲所第一届毕业生及第二届学员训词，黄学增聆听孙中山的训词。在农讲所，黄学增接受彭湃、谭平山、廖仲恺、鲍罗廷等人的授课教育。同学之中有韦启瑞、侯凤池、丘鉴志、梁复然、陈伯忠、王镜湖、莫萃华、梁桂华、高恬波等人。

是月，黄学增从农讲所毕业，随后成为中国国民党中央农民部农民运动特派员，前往广东各地进行农民运动。

11月4日，黄学增在广州参加第一届农讲所学员毕业典礼。

11月5日，黄学增在广州参加共青团大会。会议由陈延年主持。黄学增在这次会议上被选为团粤区执行委员会候补执委，任工农部助理。

11月30日，黄学增因为农民运动工作出色，以农运特派员身份受到农民部表彰，被誉为"勇于任事，才能称职……众人之中，可称佼佼（姣姣），应予奖励，以为众瞻"。是23名农民特派员中受表彰的两名之一（另一名为侯凤墀）。

是年底，黄学增以农运特派员的身份到达宝安开展农民运动，并在宝安发展党员，建立党支部。黄学增成为宝安党组织创始人。

1925年，25岁

1月，黄学增以中央农民运动特派员身份奉命到花县协助当地农会开展农运活动。18日，黄学增、何友逖与花县农协副委员长兼第二区农协委员长王福三在处理事务时，受到当地地主劣绅的袭击。王福三被杀，黄学增与何友逖在群众保护下脱险。

3月23日，黄学增出席在沙莆召开的宝安县第一区农民打人会成立大会，并讲话。韦启端、蔡日新、蔡启芬、蔡曰昇等人到会。

3—4月，黄学增、何友逖等又在第三区发展了蔡子儒、蔡励湘、郑泰安、文季彬、郑庭芳（农运讲习所学生）等一批党员。随后，党的组织继续发展到二区、一区、六区。

4月12日，广州各界七百多个共二十万人举行孙中山先生追悼会。黄学增代表农界发表演说词：中山先生虽死，但他的主义是永远存在世界。他的主义是为平民利益的，他也因此奋斗而死了，我们农民要一致团结起来，拥护为民族革命而奋斗的国民党。

是月，黄学增受命在宝安组织县级一级农会——宝安县农民协会。26日，宝安县农民协会成立。27日，"东宝两县农民联欢大会"召开，到会者达70余乡，代表达千余人。黄学增在大会上"演述为农民运动死难先烈同志事略"。

5月2日，由广东农民协会举行的全国第二次劳动大会，各县代表报到达117人。黄学增被推举为提案及起草委员会委员及决审查委员会委员。

随后，在广东省第一次农民代表大会上黄学增以101票的票数当选为省农会执行委员。执行委员共9人，代理执行代表大会闭会后的会务。

5月6日，在广东省第一次农民代表大会上，黄学增向大会"特别报告雷农民状况，极言该地农民受帝国主义，军阀土匪之残酷"。

5月7日，出席广东各界行的"五七"国耻纪念大会。农民、军人约两万人。国民党中央执行委员廖仲恺，中共中央委员、国民党中央执行委员谭平山，第二次全国劳动大会代表刘少奇，广东省农会代表黄学增相继在会上发表演说。

5月20日，广东省立第一中学青年学社开半周年纪念会，黄学增以广东省农会代表的身份出席讲话。

6月2日，黄学增在广州出席五卅示威巡行大会。被选为大会主席团主任。有数万人参加示威巡行大会。黄学增发表讲话。中国共产党代表罗觉、国民党代表谭平山和中华全国总工会代表邓中夏等分别在大会上演讲。

6月17日，黄学增代表省农协主持欢迎清远县农民代表的会议，热情赞扬清远县农民自卫军在讨伐反动军阀刘震寰、杨希闵的战斗中勇敢作战的革命精神。

6月20日，黄学增前往番禺珠村慰问当地农民自卫军。

7月3日，黄学增与廖仲恺、邓中夏、黄平等人，受聘为中华全国总工会省港罢工委员会顾问，指导省港罢工工人的斗争。

7月14日，在广东省政府省务会议第五次议决案上，黄学增作为农界代表被孙科提名为18名广州市政委员人选之一。

8月1日，省港罢工工人第七次代表大会在广州召开，通过了《对于广东省农民协会代表黄学增报告决议案》，声援广宁县农民协会及农民兄弟反抗地主残杀的斗争，表示要以全力帮助广宁农民。

是月下旬，国民党左派领袖、中央农民部部长廖仲恺于20日被刺不幸逝世。广宁县农民协会在谭布举行"全县农民追悼廖部长大会"。黄学增专程到谭布参加大会。

在8—9月，黄学增回到南路，协助韩盈、黄杰等人成立雷州青年同志社乐民分社。

9月26日，黄学增等发动雷州青年同志社联合新学生社等组成革命青年联合会，选邓颖超为主席。

9月28日，黄学增在广州参加农民部特派员会议。

是月，黄学增被中央农民部确认为一级特派员，是四名一级特派员之一。

10月20—26日，中国国民党广东省第一次代表大会召开，毛泽东参与国民党广东省党部的筹集成立大会。

10月28日，中央农民部在广州召开全省农民运动特派员大会，黄学增参与。

是月，黄学增命前往宝安调查粤军第四师第八旅第十五团及当地污吏劣绅土豪串杀掳抢当地农民的案件。经过详细调查，黄学增一方面将调查报告送中央农民部；另一方面将报告分日（10月22—27日）刊登于报刊。

是月，黄学增与王文明、林熙载等人发起组织"广东高雷罗阳钦廉琼崖八属旅省革命体联合会"，发动旅穗革命青年随国民革命军南征，协助革命军工作。

11月14日，黄学增以省港罢工委员会顾问和农运特派员身份，到宝安县沙井，协助省港罢工委员会纠察队查办土豪劣绅陈炳南、陈寿康等偷运粮食、破坏禁运，扰乱罢工事件。

是月，黄学增被选派为国民党广东省党部南路特别委员会委员，因工作关系，黄学增无法及时赴任。

12月23日，中国国民党广东省南路特别委员会成员随国民革命军到南路，在梅菉办公。主席潘兆銮（中共党员）、委员黄学增、彭刚侠（中共党员）、林丛郁（林增华，中共党员）、谭竹山、朱曼、吴武祥、许庆之。

12月25—26日，黄学增与陈荣位一起"从梅菉至吴川，又从吴川城回梅菉"，进行农民运动调研工作。

12月31日，国民党广东省党部选出出席中国国民党第二次代表大会的代表，黄学增以22票当选为出席大会的代表。

是月，黄学增受派出席江门市代表大会选举执行委员。

是月，黄学增还被派往开平县考察该县各级党部之组织及指导。

1926年，26岁

1月1—19日，中国国民党第二次全国代表大会在广州召开。黄学增和刘尔嵩、宋庆龄等9人以国民党广东省党部代表的资格出席了会议。

1月13日下午，黄学增代表农民提案审查委员会，向国民党二大全体会议报告审查"中山、南海、高要等县民团屠杀农民案"的结果和处理意见。

1月19日下午，中国国民党第二次全国代表大会闭幕，黄学增在大会上发表演说："我们要到大多数被压迫的民间去，要尽力为他们解除一切政治上经济上的痛苦！"

2月中旬，黄学增在南路，筹建广东省农民协会南路办事处，并主持制订近期工作计划。

2月22日，黄学增到广州出席了广东省农民协会全体执行委员及各署办事处代表、各农民运动特派员扩大会议。

3月7日，广东省农民协会南路办事处在梅菉成立，黄学增任主任，韩盈任书记（文书），苏其礼任委员（后为梁本荣）。南路办事处统一领导阳江、阳春、茂名、信宜、化县、廉江、吴川、电白、遂溪、海康、徐闻、合浦、钦县、灵山、防城15县和梅菉、北海2市的农民运动。

3月15日，吴川县爆发废除苛捐的斗争，黄学增代表南路办事处支持农民的合理要求，并随示威请愿队伍到县署黄坡向县长苏鹤元交涉，迫其取消了蒜头苛捐。

4月初，为培训干部，黄学增在梅菉创办"梅菉市宣传学校"。其间还成立梅菉青年同志社等民间社团。

4月1日，黄学增整理长篇调查报告《广东南路各县农民政治经济概况》上半部分在《中国农民》开始登载。

4月2日，黄学增在广州代表省农民协会出席"广东各界讨段惨杀北京市民众大会"，被选为大会人民主席团成员，并发表演说。

4月15日，遂溪县农民协会成立，黄学增代表省农协南路办事处出席成立大会，向遂溪县农民协会授旗授印，并发表演说。

是月中旬，黄学增出席中国国民党遂溪县党部执行委员会和监察委员联席会议，指导重新分配调整党部职员，选出党部常委3人，共产党员占2人；组织、宣传、农民、工人、商人、青年、妇女7个部负责人，共产党员占5个部：组织部陈光礼、宣传部吴斌、农民部刘坚、工人部邓成球、妇女部钟竹筠。

是月中旬，中共廉江县支部在城西回龙寺成立，黄学增派遣的筹备员周永杰任书记，党员有吴绍珍、关泽恩、罗慕平、江刺横、李雄飞、简毅等10余人。接着建立了共青团支部，罗慕平任书记。

4月17日，海康县农民协会举行成立大会，黄学增代表省农协南路办事处向海康县农民协会授旗授印并发表演说，号召农民团结一致，巩固农会，开展斗争。

是月底，黄学增与林增华两人先后返省城广州。

5月1日，广东省第二次农民代表大会在广州召开。这是一次具有全国农民代表大会雏形的会议，黄学增出席大会，被选为大会秘书长，主持繁重的会务工作。

5月8日，广东省第二次农民代表大会提案及决议案审查委员会成立，黄学增和彭湃、周其鉴、罗绮园、何毅等为委员。

5月10日，黄学增代表省二次农大，与省劳动大会、教育大会代表，参加黄埔军校联欢会，并在会上发表演说，希望黄埔军校本着国民革命精神，早日出师北伐，统一中国。

5月15日上午，省农民代表大会举行最后一次会议。会上选举黄学增和罗绮园、阮啸仙、彭湃、周其鉴、韦启端、杨其珊、蔡如平、原基、郭竹朋、朱观喜、薛六、钟耀龙等为省农民协会第二届执行委员，何耀、何玉山、何友逊、周永杰、邓一舟为候补委员。下午，大会举行闭幕典礼，由秘书长黄学增报告大会经过后，新当选之执行委员和候补委员就职，由周其鉴代表全体新委员致辞。次日第六届农民运动讲习所所长毛泽东演说，内容是关于农民之经济斗争与政治斗争之关系及敌人压迫原因。

5月26日，中国国民党广东南路特别委员会在梅菉召开工作会议。会议由黄学增主持，潘兆銮、林丛郁、韩盈、杨枝水、薛经辉等人参加会议。

是月，根据中共南路特委负责人兼中国国民党南路特别委员会主任黄学增的部署，江刺横到北海，担任中共北海镇（后改为市）特支书记兼中国国民党北海市党部执行委员、组织部部长。

6月1日，国民党遂溪县党部在黄学增、韩盈的指导下召开执委监察第三次会议，重新调整各执委工作，决定陈光礼、邓成球、刘坚、钟竹筠分别负责组织部、工人部、农民部、妇女部的工作。

6月5日，李子安陪同黄学增、陈柱、彭成贵到南二淡水沟吸收李癸泉、李春瑞、李荣泰入党，李癸泉、李春瑞任正副组长。

6月25日，黄学增从广州回到梅菉。次日即主持召开中国国民党广东省党部南路特别委员会工作会议，听取各地国民党政组和群众运动情况汇报。

6月27日，黄学增步行从梅菉去雷州开展国民党党务和农运工作，被土匪劫持，机警脱险。

7月初，中国国民党南路特别委员会派员接收《高州民国日报》，黄学增兼任社长、韩盈兼任总编辑。同时还接收《雷州民国日报》，派罗应荣主持该报社工作。年底，《高州民国日报》增设副刊《高潮》，报道各地群众运动情况。

是月，黄学增到信宜参加怀乡农民代表大会，并在会上作了重要讲话。

8月，为推动南路大革命运动高潮全面兴起，南路特别委员会和南路办事处机关由梅菉迁往茂名县高州城，办公地址设于南皋书院。

9月6—11日，南路特委在南皋书院举行南路地区各县市党部代表会。迁后的办事处领导成员：主任黄学增，委员韩盈（兼任书记）、梁本荣（兼任农民部长），宣传部部长杨枝水，组织部部长林丛郁，青年部长王克欧，妇女部长钟竹筠。同时，中国国民党南路特别委员会亦迁到高州。

8月8日，黄学增到电白调查6月至8月初电白所发生事件的真相。

8月17—24日，召开的广东省农会扩大会议，黄学增参加并任秘书长，报告大会经过及游行请愿活动。

8月24日，闭幕会上，秘书长黄学增作报告，召集全体代表与七路代表团代表和广州郊区农民千余人举行请愿示威大巡行，要求国民政府惩办逆党、贪官污吏、不法军人、土豪劣绅、民团土匪。彭湃被选为请愿示威巡行总领导，黄学增和黄谦、张安养、薛六4人为请愿代表，向国民党中央党部、国民政府和广东省政府递交请愿书。

8月，黄学增在高州主持开办南路农民干部训练班，第一期茂名地区有50名农运干部参加。

9月6—11日，中国国民党广东南路党部代表会议在高州城召开。出席者南路14县（合浦县未派人到会）2市党部代表46人，列席开幕式各界代表300余人，黄学增任会议主席。

10月，黄学增派杨木水、钟竹筠到防城东兴开展工作。

11月14日，茂名各地40多个乡农协代表600多人集中在茂北安良乡银塘村召开大会，宣布成立茂北区农民协会。

12月，黄学增以国民党南路特别委员会和省农民协会南路办事处的名义，在高州主持召开南路农民代表和国民党各县党部代表联席会议。

是月，黄学增在高州主持召开南路工人展会议，参加会议的有各县工人代表20人。

1927年，27岁

1月，中共广东南路地方委员会成立，黄学增任书记，韩盈、梁本荣、钟竹筠为委员。

3月10—17日，黄学增到广州出席广东省农协第二届第二次扩大会议。会议着重讨论如何挽救广东农运危机，并决定于5月1日召开第三次全省农民代表大会，研究进一步开展农民运动问题。此后，黄学增留省工作。

3月中旬，黄学增派梁承枢回信宜，加强对农民协会的领导，该县农民组织得以迅速发展。到4月间，全县农会会员达4万多人。

4月19日，黄学增秘密抵达高要禄步黄洲。向隐蔽当地的罗国杰、周其柏、陈均权和许其忠等原西江党组织负责人和农军骨干传达广东区委的指示和举行武装暴动的决定，并与之一起研究作战的具体部署；成立"广东省西江拥护武汉政府大同盟军"，在高要的黄洲村设立临时指挥部，黄学增任总指挥。

4月下旬至8月底，在黄学增组织领导下发动由高要、云浮、新兴三县农军组成的肇庆起义和郁南都城、罗定横岗等农军暴动。肇庆起义，是西江地区最大规模的武装起义。

9月，黄学增在黄洲主持西江地委扩大会议，根据广东省委（广东区委已改称广东省委）的暴动指示，将中共西江地委改为中共西江特别委员会，黄学增任书记，并成立军事委员会，黄学增任军委主席。

10月15日，中共中央南方局、广东省委在香港举行联席会议，改选省委，黄学增被选为省委候补委员，是11名候补委员之一。

是月，中共西江特委书记黄学增秘密到广宁，向中共广宁地委叶洁秀等人传达省委关于举行暴动的决定，建议广宁地委集结武装力量，待时而举，配合广州起义。

是年底，黄学增自广宁返香港，向省委汇报西江地区情况，很快，省委通过了《西江工作大纲》。

1928年，28岁

1月，广东区委统一部署，西江地区农民暴动的运动中心选择广宁。1月底，西江特委书记黄学增兼任县委书记。

2月25日，县委指挥在螺岗圩发动武装暴动。广宁县农民赤卫队队长欧蛟指挥300余名赤卫队员武装进占螺岗圩，宣布暴动，没收地主粮仓内几百石稻谷，充为赤卫队给养。广宁县委在螺岗镇召开3000多人群众大会，宣布成立西江地区第一个县级苏维埃政府。

4月13日，中共广东省委第一次扩大会议在香港召开，黄学增出席会议，当选为省委正式委员。

4—5月，黄学增奉命到宝安指导宝安暴动，燃起宝安暴动烈火。

5月2日，黄学增以中共宝安县委的名义给省委汇报宝安地区工作。

是月底，黄学增根据工作安排离开宝安，以省委巡视员身份前往琼崖。

6月16日，黄学增来到琼崖特委所在地乐会第四区。随后，根据省委的指示，对琼崖特委进行改组，并以省委巡视员身份兼任琼崖特委书记。

6—7月，黄学增对琼崖党组织、红军、苏维埃政权等进行整顿，确保琼崖革命力量得以保存。

7月16日，黄学增以省委巡视员等身份向省委汇报来琼的相关工作情况。

8月，琼崖苏维埃政府成立，在领导琼崖人民进行革命斗争中发挥作用。

是月，恢复被破坏的中共海口市委。保留琼山县委与海口市委两者组织机构，有力有效地推进琼崖革命斗争的进行。

11月16—24日，黄学增出席在香港召开的省委第二次扩大会议，当选为候补常委。

11—12月，黄学增配合省委的工作部署，推进琼崖特委与南路特委的合并，计划成立南区特委。后因南路特委遭到严重破坏，南区特委的决定无法实现。

是年底，中共海口市委因叛徒叛变，遭到破坏，黄学增因回省委汇报，逃过一劫。

1929 年，29 岁

1 月，在香港向省委汇报工作期间，劝说邑人、共产党员苏天春、周纪等人回家乡继续开展革命斗争。他说自己先去海南岛海口市处理一些问题，然后再考虑回遂溪。

1 月 18 日，中共广东省委会议上正式决定常委杨石魂、冯菊坡调中央，由候补常委黄学增、甘作棠补上。

2 月，海口党组织遭到严重破坏，原有 26 个党支部仅存 4 个，党员也从 1928 年 4 月的 680 人锐减到 30 余人。

5 月中下旬，省委经过详细讨论，同意黄学增仍回琼崖工作，但以省委巡视员指导工作，不参加特委；同时要求至多两个月即须返回省委。

是月，黄学增下来文昌县委，和谢冠洲、云龙等同志在竹堆村开会，讨论布置化装深入到锦山市消灭该市民团局，缴获长糖包 30 余支，子弹 4000 多发。

是月，应省委机关"提供文字"的要求，黄学增撰写《五卅运动后广东农民运动的状况》，在《红旗》周刊第 15 期发表。

6 月，黄学增分别撰写《省港罢工时代之广州四郊农民》与《盲动呢？不动呢？公开呢？秘密呢？》，并分别在《红旗》周刊第 16 期与《学习》半月刊第 4 期发表。

7 月 1 日，黄学增写成《阅了农民问题决议案以后》一文。文章后在《学习》半月刊第 5 期发表。

7 月或 8 月，由于叛徒出卖，中共琼崖特委、团特委机关等在海口市被敌人破坏。黄学增在福音医院被捕，随后被杀于海口。

1930 年 1 月 17 日，中共广东省委发出《"二七"纠集宣传提纲》（以下简称《提纲》），号召全省党员纪念革命先烈，继续奋斗。《提纲》写道："在二七纪念中，我们要纪念英勇的先烈！我们永远不忘记施洋同志的反抗精神，我们永远不忘记林祥谦同志临死不屈的态度……我们同时要纪念一切的革命烈士，特别纪念广暴的领袖张太雷同志，省港大罢工的领袖苏北征同志，海陆丰农民运动领袖彭湃同志，东江工人领袖杨石魂同志和南路农民领袖黄学增同志！我们要号召群众募款来捐助烈士的家属！我们要起来反对国民党军阀的白色恐怖！我们要为革命的先烈报仇！"

《湛江历史文化名人丛书》后记

习近平总书记指出，文化是民族生存和发展的重要力量。《湛江历史文化名人丛书》本着"传承文明、资政育人、服务社会"的目的，以历史名人的道德品质、渊博学问和行为风范为题材，向全社会大力推介宣传，让广大人民群众认识湛江历史名人，潜移默化地培育年轻一代，以自我的正能量，砥砺前行，为湛江振兴发展贡献力量，为中华民族的伟大复兴而奋斗。

《湛江历史文化名人丛书》以人为本，以服务广大人民群众为出发点，亦能为专家学者提供翔实的研究史料，融故事性、知识性、趣味性、可读性于一体，是一套深入浅出、雅俗共赏的好图书，对普及历史文化知识，提高人文社会科学文化素养和思想道德素质有着无可估量的价值，具有积极的社会作用和深远的历史意义。愿先贤德范春风化雨，在文化阵地催开遍地奇葩异卉，使南海之滨的湛江文化事业更加繁荣，更加昌盛。

2017年初，刚当选的政协湛江市第十三届委员会主席许顺提出要收集、整理湛江历史文化名人史迹，编纂出版《湛江历史文化名人丛书》，以资政育人，为湛江文化建设添砖加瓦。政协湛江市第十三届委员会第三次主席会议把其作为助推湛江文化建设的重大工程来抓，坚持每年都列入年度重要工作来部署、安排，并要求文化文史委组织专家、学者研究编写，严格把关，切实做好每位历史文化名人的认定和编写工作。

《湛江历史文化名人丛书》的出版，得到了专家学者和各界人士的大力支持。许多专家、学者积极参与，辛勤撰写，史海钩沉，集聚精华，拾珠成串，使这套丛书陆续按期按质顺利出版，尤其是本书作者洪三泰、陈国威先生为此付出大量的心血，在此表示衷心感谢！

在《湛江历史文化名人丛书》编纂出版过程中，由于编辑出版时间紧迫，编辑水平有限和经验不足，难免存在疏漏等欠妥之处，敬请广大读者批评指正！

编委会

2020 年 12 月 10 日